O câncer como ponto de mutação

Um manual para pessoas com câncer, seus familiares e profissionais de saúde

Dados Internacionais de Catalogação na Publicação (CIP)
(Câmara Brasileira do Livro, SP, Brasil)

LeShan, Lawrence, 1920-
O câncer como ponto de mutação: um manual para pessoas com câncer, seus familiares e profissionais de saúde / Lawrence LeShan [tradução: Denise Bolanho; revisão técnica: Ruth Reveca Rejtman]. – São Paulo: Summus, 1992.
ISBN 978-85-323-0393-6
1. Câncer - Aspectos psicossomáticos 2. Medicina holística I. Título. II. Título: Um manual para pessoas com câncer, seus familiares e profissionais de saúde.

92-1664
CDD-616.994
NLM-QZ 200

Índice para catálogo sistemático:

1. Câncer: Medicina   616.994

Compre em lugar de fotocopiar.
Cada real que você dá por um livro recompensa seus autores
e os convida a produzir mais sobre o tema;
incentiva seus editores a encomendar, traduzir e publicar
outras obras sobre o assunto;
e paga aos livreiros por estocar e levar até você livros
para a sua informação e o seu entretenimento.
Cada real que você dá pela fotocópia não autorizada de um livro
financia o crime
e ajuda a matar a produção intelectual de seu país.

O câncer como ponto de mutação

Um manual para pessoas com câncer, seus familiares e profissionais de saúde

Lawrence LeShan

summus
editorial

Do original em língua inglesa
CANCER AS A TURNING POINT
A handbook for people with cancer, their families and health professionals
Copyright © 1989 by Lawrence LeShan, Ph.D.
Direitos desta tradução adquiridos por Summus Editorial.

Tradução: **Denise Bolanho**
Revisão técnica: **Ruth Reveca Rejtman**
Capa: **Carlo Zuffellato e Paulo Humberto Almeida**

Summus Editorial
Departamento editorial:
Rua Itapicuru, 613 – 7º andar
05006-000 – São Paulo – SP
Fone: (11) 3872-3322
Fax: (11) 3872-7476
http://www.summus.com.br
e-mail: summus@summus.com.br

Atendimento ao consumidor:
Summus Editorial
Fone (11) 3865-9890

Vendas por atacado:
Fone (11) 3873-8638
Fax (11) 3873-7085
e-mail: vendas@summus.com.br

Impresso no Brasil

Este livro é dedicado com amor, respeito e gratidão à minha filha Wendy. Durante toda a sua infância, com freqüência lhe foi negada a atenção que precisava de um pai que lutava constantemente para compreender e ajudar pacientes com enfermidades graves. Quando, após quinze anos, decidi iniciar um projeto de pesquisa diferente, ela ficou indignada e disse que era imoral não continuar a ajudar pessoas com câncer depois de alcançar progressos. Tive que lhe prometer que não abandonaria os pacientes que procuravam minha ajuda, independentemente de outras coisas em que pudesse estar trabalhando. Jamais me senti tão orgulhoso de alguém, pois ela havia pago um alto preço pelo meu trabalho.

AGRADECIMENTOS

Desejo expressar minha profunda gratidão a Frederick Ayer II por seu apoio contínuo a este trabalho. Sem ele, este livro não teria sido possível. Minha profunda gratidão às pessoas com câncer que, durante os últimos trinta e cinco anos, me ensinaram tudo o que sei. Minha admiração ao número cada vez maior de terapeutas em todo o mundo que estão utilizando esta abordagem.

Gostaria também de prestar uma homenagem à minha esposa, Eda LeShan, que compartilha as alegrias e as dores desta aventura, e cuja contribuição a este livro foi muito grande.

SUMÁRIO

	Apresentação da edição brasileira	11
	Prefácio	13
1.	Trinta e cinco anos de pesquisa sobre a influência da mente/corpo no câncer	17
2.	Uma introdução ao método: mudança psicológica para mobilizar o sistema imunológico comprometido	39
3.	O câncer e a família	73
4.	Como sobreviver no hospital	85
5.	O problema do desespero	103
6.	A abordagem holística da saúde	115
7.	Minimizando o "desgaste" para todos os envolvidos	137
8.	A pessoa que está morrendo	147
9.	Meditação para a transformação e o crescimento	179
	Epílogo	191
	Bibliografia	193

APRESENTAÇÃO DA EDIÇÃO BRASILEIRA

"É essencial que a pessoa primeiro aprenda a cantar plenamente sua própria canção e, então, como parte de suas necessidades humanas, encontre uma maneira de expressar sua relação com os outros ou com a raça humana. Só desta maneira atuamos e vivemos como um todo coerente e assim fortalecemos e mobilizamos nossa própria capacidade de autocura".

Nessa linha poética, mas ao mesmo tempo clara e objetiva, Lawrence LeShan, descreve os inúmeros casos que tem acompanhado nos seus muitos anos de experiência como pesquisador e psicólogo clínico junto a pacientes de câncer.

Coerente com sua visão holística, o autor demonstra, através de uma linguagem extremamente acessível, a importância da estreita inter-relação entre corpo, mente e espírito, com orientações e exemplos objetivos.

Entre os livros publicados na linha da auto-ajuda, esta obra se destaca por dar ênfase ao que o paciente tem de melhor, em vez de trabalhar apenas sobre suas dificuldades. Esta abordagem desperta uma nova fonte de energia interior e motivação, que leva a pessoa a buscar novos caminhos, alcançando, assim, seu "ponto de mutação", aqueles momentos em que ampliamos nossa consciência e assumimos as transformações para que a chama de nossa existência se mantenha acesa.

Tenho testemunhado, ao longo dos últimos dez anos trabalhando com pacientes de câncer, a honrosa coragem daqueles que, após terem recebido o diagnóstico de uma doença considerada fatal, buscaram todos os seus recursos internos para manter ou recuperar aquilo que para eles significava estarem vivos. Alguns reverteram o curso prognosticado da doença, outros prolongaram com melhor qualidade seu tempo de vida, e outros ainda morreram com a serena dignidade como a maioria de nós gostaria de morrer um dia.

Credito à relação harmoniosa que estabeleceram com a vida os maiores ensinamentos e impactos que me influenciaram pessoal e profissionalmente.

De forma análoga, estou certo de que estas páginas trarão muitos ensinamentos e despertarão muitas reflexões, que poderão redirecionar os caminhos daqueles que o lerem, tendo ou não câncer.

EDMUNDO SILVA BARBOSA
Psicólogo, fundador e diretor do ReVida

PREFÁCIO

Raramente as pessoas intimamente envolvidas com câncer — pacientes, famílias, amigos, profissionais — possuem informações a respeito de uma área crucial: a mobilização da capacidade de autocura do paciente, para que ela possa colaborar com o tratamento médico. Este manual reúne, pela primeira vez, as informações conhecidas sobre este assunto. Este livro surgiu de um projeto de pesquisas realizadas durante trinta e cinco anos, com o envolvimento de milhares de pessoas com câncer. Ele se destina a ensinar àqueles que sofrem com esta doença, e seus familiares, amigos, médicos, orientadores espirituais e psicoterapeutas, a utilizarem as mudanças psicológicas como meio de ajuda para restaurar o sistema imunológico dos pacientes, que está comprometido.

Acredito que um sério problema tenha surgido nesses últimos anos. Apesar da formação profissional daqueles que estão ligados a essas áreas, alguns indivíduos possuem um conhecimento muito limitado do assunto e interpretaram essa abordagem como se ela estivesse acusando os próprios pacientes de terem provocado sua doença. Como se não bastassem o sofrimento e a ansiedade causados pelo câncer, dizem eles, uma nova culpa foi acrescida — uma culpa originada por uma idéia falsa, uma culpa que se transforma numa insuportável carga para o doente.

Essas críticas não têm fundamento. *Pensamentos e sentimentos não provocam nem curam câncer.* Porém são um fator, e dos mais importantes, que contribuem para a integração harmoniosa do ser humano como um todo. Os sentimentos afetam a química do organismo (que afeta o desenvolvimento ou a regressão do tumor), assim como a química do corpo afeta os sentimentos. O enfoque atual da ciência, relacionado à natureza do sistema imunológico, apenas reforçou a crença de que alguns tipos de *stress* diminuem a capacidade da química do organismo de combater uma doença. Segundo William James, não existe uma linha divisória nítida entre a filosofia, ou seja, entre sua mente e seu corpo. Todos os aspectos do ser humano interagem entre si e se influenciam mutuamente.

Descobrimos que o sistema imunológico é fortemente afetado pelos sentimentos e que determinados tipos de atitude psicológica podem influenciar positivamente nosso sistema de defesa. Algumas vezes, observa-se uma diferença crucial na forma como os tratamentos médicos são mais bem tolerados. Em outras palavras, existem algumas medidas, relacionadas à parte mental, que pacientes com câncer podem adotar e que aumentam suas possibilidades de autocura e auto-recuperação, quando trazidas para colaborar com a terapia médica. Se esse procedimento fará ou não uma diferença crucial no restabelecimento da saúde do doente dependerá de toda a situação que o envolve, incluindo fatores como herança genética e experiências de vida, desde seu nascimento.

Nesta abordagem, o paciente *não* é, de forma alguma, acusado da culpa de ter tido câncer. Qualquer pessoa que insinuar que o doente de câncer é responsável por ter adquirido a doença ou por não ter conseguido obter melhoras não só é um reles amador, e deve ser completamente ignorado, como ainda está provocando confusão, ansiedade e raiva em si próprio. E aqueles que insinuarem que esta teoria aumenta a culpa do paciente simplesmente não sabem o que estão dizendo.

Embora haja muita coisa a ser descoberta sobre esse assunto, existe ainda um fato que podemos agregar: a mesma abordagem psicológica que reforça a eficácia do sistema imunológico também faz com que a vida da pessoa se torne mais rica e plena, tanto durante o período em que ela está com a doença como depois dele.

A organização deste livro foi muito influenciada por minha experiência em quase uma centena de seminários que realizei durante os últimos vinte anos. Os seminários, que duravam de um a três dias, incluíam de cinqüenta a cem participantes. Nos primeiros cinco anos promovi dois tipos de seminário: um para pacientes de câncer e suas famílias, e outro para profissionais da saúde. Então, por engano, um dos avisos sobre o seminário foi redigido erroneamente, e o grupo presente foi formado metade por pacientes e membros da família e a outra metade por profissionais que atuavam nessa área. Descobri o engano dez minutos antes do início do encontro. Meu nível de ansiedade bateu recordes! Sem saber o que fazer, anunciei ao grupo que planejara trabalhar parte do tempo como se todos fossem pessoas com câncer e o restante, como se os participantes fossem profissionais da área. Para todos os presentes, este foi o melhor e mais excitante seminário que realizei.

A partir daí, tenho usado esse tipo de arranjo sempre que possível e, a julgar pelas reações das pessoas envolvidas, ele tem sido muito bem-sucedido. Devido a essa experiência gratificante nos "seminários mistos", decidi que a única forma de escrever este livro também seria dirigindo-o a um público misto.

Você observará que, em qualquer capítulo, posso estar me dirigindo mais diretamente ao paciente, ao membro da família ou ao profissional. Isto é intencional; nós não vivemos num vácuo. A essência da moderna abordagem holística é a de que *todos* os níveis do ser humano, inclusive seus aspectos físicos, psicológicos, espirituais, os relacionamentos e o meio ambiente, são importantes e não podemos ignorar nenhum deles sem corrermos riscos. Somente abordando o problema do câncer a partir do ponto de vista da pessoa que tem a doença, da família e do profissional, podemos aprender a mobilizar melhor os recursos disponíveis de cura e autocura, para que o tratamento médico possa ser totalmente eficiente.

Isso não é mera especulação. Repetidamente, vi acontecerem dois tipos de reação quando se mobiliza o universo global da pessoa com câncer e, conseqüentemente, transformamos sua ecologia interior de maneira positiva. Para alguns, a vida do paciente é prolongada não de maneira arbitrária, mas com vistas a uma maior vivência do eu, maior autoconhecimento — e, com freqüência, a realização de seus sonhos. E há também os verdadeiros milagres — não mágicas, mas a devota dedicação e o empenho que transformam o câncer em um ponto de mutação na vida da pessoa em vez de um aviso de morte. Quanto mais conhecemos a biologia e a psicologia humanas, mais aprendemos a modificar e melhorar a *qualidade* e a *essência* da vida, tanto interior quanto exteriormente, e cada vez mais este segundo resultado pode se tornar comum. Esta é, com certeza, a esperança deste livro.

1

TRINTA E CINCO ANOS DE PESQUISA SOBRE A INFLUÊNCIA DA MENTE/CORPO NO CÂNCER

... deixe-me falar sobre coisas com as quais você deve ter muito cuidado. Às vezes, ficar zangado e gritar me agrada, pois isso o ajudará a manter sua vivacidade natural; o que me desagrada é vê-lo se angustiar e levar todas as coisas a sério. Pois é isso, como ensina a medicina, que destrói nosso corpo, muito mais do que qualquer outra causa.

Carta escrita por mestre LORENZO SASSOLI, médico, a um paciente, em 1402*.

Maria era uma médica brasileira que adorava seu trabalho como pediatra. Seu marido era um engenheiro eletrônico que desejava apenas ser poeta. Ele odiava seu campo de trabalho, no qual, na realidade, era profissionalmente muito bem-sucedido. Suas filhas gêmeas, que na ocasião em que encontrei Maria pela primeira vez tinham quinze anos, aparentemente possuíam muitas qualidades artísticas. Ambas desejavam ser atrizes e já haviam participado de peças montadas em pequenos teatros.

Quando as filhas estavam com dez anos, seu talento foi reconhecido por um famoso diretor. Isso cristalizou a decisão de Maria de deixar o Rio de Janeiro, que tanto amava, e emigrar para Londres, onde as filhas poderiam receber melhor educação teatral e

---
* Citado em *The Merchant of Prato*, de Iris Origo (Alfred A. Knopf, Nova York, 1957).

onde seu marido poderia se dedicar integralmente à poesia. Ela me contou que não "voltara para casa" desde que chegara à Inglaterra.

Entretanto, em Londres, Maria não encontrou emprego como pediatra que lhe proporcionasse a renda necessária para atender às necessidades da família. A promessa do cargo que lhe haviam proposto não se concretizou no último momento.

Ofereceram-lhe trabalho em uma sociedade oncológica, com uma remuneração adequada, onde ela iria lidar principalmente com crianças e jovens com leucemia, tumores de Wilm, e outras enfermidades. Ela não gostava desse trabalho, mas se dedicava a ele para sustentar o marido e as filhas. Também detestava Londres e constantemente sentia saudades do Rio, onde havia crescido. Descreveu com entusiasmo e prazer as praias adoráveis, o clima ameno, a atitude despreocupada e tolerante das pessoas, a arquitetura admirável e os amigos que lá deixara: "Eu me sentia *em casa* em qualquer lugar da cidade. Cada rua era como se fosse minha sala de estar". Também sentia falta da conversa em seu próprio idioma, confessou-me timidamente. Aos 48 anos de idade, notou um caroço em sua mama, mas não tomou providência por mais de um ano. Quando foi examinada por um colega, o caroço havia crescido. O diagnóstico foi adenocarcinoma da mama. Na opinião do colega e dela própria, a metástase havia se espalhado muito, o que inviabilizava uma cirurgia. Decidiram então submetê-la à quimioterapia, mas todos concordavam que o prognóstico era muito pessimista.

Nessa época, conversei com ela no hospital em Londres e ela pediu-me uma entrevista profissional. Conversamos durante uma hora a respeito de sua história, suas esperanças e temores do futuro. Ela não via nenhuma possibilidade de trabalhar no que gostava, de morar onde queria ou de ter uma vida que a tornasse feliz e animada ao se levantar da cama pela manhã. O marido e as filhas estavam muito felizes com a vida que levavam e ela era suficientemente bem-sucedida para permitir que eles continuassem assim. De maneira um tanto rude, pois senti que precisava chocá-la para que agisse em seu próprio benefício, perguntei-lhe como planejava continuar a sustentá-los, no estilo de vida ao qual estavam acostumados, depois que ela morresse, uma vez que o prognóstico de seu câncer era tão pessimista. Ela pareceu-me totalmente derrotada. Após longa pausa, disse: "Sei que não vou poder mais fazer isso. Eu esperava que você me indicasse um caminho". Sua tristeza e desespero comoveram-me profundamente, e durante alguns minutos ficamos em silêncio, apenas sentados.

Então eu lhe disse que não via nenhuma razão para que seu corpo se empenhasse em salvar sua vida, nenhuma razão para que ele mobilizasse seu sistema imunológico utilizando seus recursos para ajudar a quimioterapia. Mediante seus atos, ela estava dizendo ao seu corpo que era sempre a vez de outra pessoa, jamais a sua vez. Todos precisavam de cuidados, exceto ela. Estava dizendo claramente a si mesma que não valia a pena lutar por ela. Ela me ouviu, pensou um pouco, e, então, comentou: "É como se eu continuasse dizendo a mim mesma que *para mim* as coisas boas aconteceram ontem, acontecerão amanhã, mas nunca hoje". Concordamos a respeito dessa idéia e continuamos sentados durante algum tempo, num silêncio melancólico e cordial.

Essa foi nitidamente uma situação de emergência. Ela estava em má forma, física e emocional, e decaía em ambos os níveis. Havia pouca coisa a perder. Eu deveria deixar Londres em poucos dias e nunca me dei bem trabalhando pelo telefone ou correio. O filósofo e líder espiritual Edgar Jackson mostrou que em algumas situações o homem meticuloso está a apenas alguns passos do homem tolo. Contei a Maria a história da mulher que estava nua, tomando sol, quando um lindo canário pousou em seu tornozelo. Ela sorriu amavelmente para ele. Então, uma grande borboleta cor de laranja e preta pousou em seu joelho. Novamente ela sorriu. Uma magnífica libélula de asas iridescentes pousou em seu ombro, e também recebeu um sorriso de boas-vindas, assim como um gracioso pintassilgo que tocou levemente nos dedos do seu pé. Então, um mosquito pousou em seu seio e a picou. Ela olhou para ele e bradou: "Muito bem. *Agora todo mundo pra fora!*".

Quando terminei a história, Maria riu muito mais do que a piada merecia. Então, sentou-se, aparentemente refletindo, durante alguns minutos. Finalmente, olhou para mim com um sorriso travesso e malicioso. "Você acha que eu *realmente* poderia?", perguntou.

Ela estava tão pronta para agir quanto um gato com o pêlo eriçado. Precisava apenas de uma direção e de um empurrão. Com minha história, ofereci-lhe a direção e nossa conversa constituiu o empurrão. Foi um prazer observar sua mudança. Eu já ouvira falar na "ardente e impetuosa personalidade dos brasileiros", mas jamais esperara ver seu estereótipo em pleno apogeu.

Naquela noite, Maria reuniu a família e anunciou (aparentemente de forma inquestionável) que agora era a sua vez. Deveriam ocorrer algumas mudanças, pois ela não poderia mais sustentar a família. De qualquer modo, se ela morresse, eles ficariam por conta deles próprios; portanto, poderiam dar-lhe uma última e desesperada oportunidade de ajudar seu sistema imunológico a reforçar a quimioterapia. Disse-lhes que havia sido oncologista o tempo suficiente para saber que, com um câncer como o dela, esta era a única oportunidade. Para que isso pudesse acontecer, deveriam ocorrer algumas mudanças importantes em seu estilo de vida e no deles também.

Primeiro, disse ao marido que muitos poetas bem-sucedidos sustentavam-se a si mesmos trabalhando em empregos comuns. Se ele quisesse seguir exatamente o exemplo de seu ídolo, Edwin Arlington Robinson, e trabalhar como bilheteiro no metrô, ela concordava; porém achava que ele se sairia melhor como desenhista ou algo semelhante, embora estivesse afastado da engenharia havia oito anos. Quanto às crianças, elas deixariam os colégios particulares e iriam para escolas públicas. Poderiam continuar a freqüentar algumas aulas particulares de teatro, mas também teriam de arranjar empregos de meio período, se isso fosse possível, e mesmo se não fosse! Certamente poderiam trabalhar como vendedoras, garçonetes ou outra coisa qualquer durante o verão e feriados de Natal, a não ser que conseguissem empregos em suas profissões. A empregada seria dispensada e todos colaborariam nas tarefas domésticas. Quanto a ela, deixaria seu emprego e faria estágio em pediatria para se atualizar nas técnicas mais recentes e recomeçar a partir daí. A volta para o Brasil, quando as filhas já estivessem estabelecidas e vivendo por conta própria, foi deixada como uma possibilidade para o futuro.

Esse deve ter sido um encontro familiar e tanto! Quando a conversa acabou, todos concordaram com o novo esquema e, contou-me Maria, "com menos discussão e resistência do que eu esperava. Descobri que eles se preocupam comigo, me amam, mesmo que eu não possa mais sustentá-los. Fiquei admirada ao perceber que isso me surpreendeu!".

Nos seis meses seguintes, o marido conseguiu trabalho numa firma de engenharia e disse que o emprego exigia pouco esforço, deixando-o com muita energia para se dedicar à poesia. (Com o passar dos anos, ele tinha se tornado razoavelmente bem-sucedido — reunira os poemas em dois livros, além de publicá-los em algumas revistas. Os livros lhe rendiam uma pequena quantia, o que normalmente acontece com obras de poesia.) As filhas arranjaram empregos de meio período e mostraram-se bastante aborrecidas com isso. Como adolescentes típicas, reclamavam e precisavam ser lembradas constantemente de suas obrigações domésticas. Ambas pagavam as aulas de teatro e conseguiram também alguns empregos temporários fazendo comerciais na televisão e representando em obscuros teatros de vanguarda. Maria demitiu-se do emprego e iniciou o estágio em pediatria. Após um ano, começou a trabalhar em tempo integral nessa área. Recebia bem menos do que ganhava como oncologista, mas estava mais feliz.

Seguindo minha sugestão, consultou também um nutricionista para melhorar a dieta e ajudar a potencializar o tratamento quimioterápico, evitando os piores efeitos colaterais.
Continuei em contato com ela. A quimioterapia funcionou muito além das expectativas. O tumor diminuiu, porém não desapareceu. Agora, quatro anos depois, o quadro clínico parece temporariamente estabilizado, permanecendo num período de observação e espera. Maria sente que sua vida é rica e excitante. Passa as férias de verão no Rio de Janeiro, e, como o dinheiro é curto, ela vai sozinha a maioria das vezes. Eles ainda não decidiram se voltarão para o Rio nos próximos anos.

O trabalho que conduziu a este livro começou em 1947, quando um amigo psicólogo, o dr. Richard Worthington, contou-me que estivera examinando testes sobre a personalidade de diversas pessoas com câncer. Ele percebera que a história da vida emocional delas de algum modo influía no desenvolvimento da doença, e achava que esse fator deveria ser investigado. Dick foi a melhor pessoa que conheci para lidar com esse tipo de testes de personalidade — ele é dotado de uma capacidade profunda e brilhante de compreensão — e aprendi a jamais ignorar o que ele dizia. Guardei a sugestão no fundo da mente para uma pesquisa futura.

Dois anos mais tarde, eu estava de volta ao exército*. Trabalhando num emprego muito deprimente numa clínica de higiene mental em Arkansas, precisava de algo interessante para preencher minha mente. Voltei à idéia de Dick e passei a estudá-la.

A County Medical Society possuía uma biblioteca iniciada em meados de 1800. A partir de então, todos os médicos locais doavam-lhe seus livros. Comecei a freqüentá-la todas as tardes. Verificando os dados do ponto de vista psicológico, parecia claro que os fatores psíquicos poderiam ter contribuído, em pelo menos uma boa porcentagem das estatísticas sobre o desenvolvimento do câncer.

Os índices mais elevados de mortalidade entre viúvos e viúvas, não relacionados à idade, ocupação, capacidade reprodutora, dieta ou qualquer outro fator óbvio, eram apenas um exemplo da evidência de que havia algo que merecia um exame.

Quando deixei novamente o exército, dois anos mais tarde, contei a minha descoberta a Dick. Ele ficou impressionado e reuniu um grupo de empresários. Fizemos um esforço de mobilização e criamos uma

---

* Após a Segunda Guerra Mundial, respondi afirmativamente quando o exército me perguntou se eu permaneceria na reserva. Eu pensava que isso era algum tipo de associação de ex-alunos!

fundação, que conseguiu levantar fundos suficientes para prover meu sustento durante a metade do ano. Permaneci no projeto em tempo integral durante catorze anos, e em regime de meio período por mais 22 anos. Este livro é o resultado desse trabalho.

Quando comecei a trabalhar intensivamente, a primeira coisa que descobri foi que até 1900 a relação entre câncer e fatores psicológicos havia sido comumente aceita nos círculos médicos. Examinei os principais livros sobre câncer, do século XIX (usando o antigo método empírico de qualificá-lo como um livro importante, desde que tivesse três edições publicadas). Em quase todos eles, descobri a mesma coisa: "Naturalmente, a história da vida emocional [eles usavam muitas frases diferentes para dizer isso, mas o significado era o mesmo] desempenha um importante papel na tendência de certas pessoas de adquirir o câncer, e na evolução da doença". Quando, em 1959, pesquisei essa literatura para o *Journal of the National Cancer Institute*, meu problema não foi o de encontrar afirmações dessa natureza, mas tentar selecionar, entre tantas, algumas para citar.

Estava claro o que havia acontecido. Os dedicados médicos do século XIX, que trabalhavam com pacientes de câncer, não possuíam nenhum dos sofisticados instrumentos e aparelhagens de que dispomos atualmente. Sem testes bioquímicos e sem raios X, sem a tomografia axial computadorizada e outras similares, eles precisavam *escutar* seus pacientes para que pudessem perceber o que estava acontecendo. Assim, ouviam os pacientes contar suas histórias e revelar seus sentimentos. Os fatores emocionais ligados a grandes perdas e à desesperança, que ocorriam *antes* dos primeiros sinais da doença, eram tão repetitivos e freqüentes que não podiam ser ignorados.

Não iremos examinar aqui essa extensa literatura*. Entretanto, apresentarei algumas citações de meu artigo, para dar uma idéia de seu conteúdo.

Em 1759, Gendron enfatizou a importância, no câncer, das "desgraças na vida como causa de muitos problemas e sofrimento". Ele apresentou uma longa série de casos dos quais os relatados a seguir são típicos:

> *A sra. Emerson, após a morte de sua filha, passou por grande sofrimento e percebeu que seu seio inchara e se tornara dolorido; finalmente, surgiu um câncer muito arraigado, que consumiu grande parte da mama em pouco tempo. Ela sempre tivera uma saúde perfeita.*
>
> *A esposa do oficial de um navio mercante (que havia algum tempo fora levado pelos franceses e colocado na prisão) ficou tão angustiada*

---

* Alguns desses trabalhos e algumas revisões dessa literatura são mencionados na bibliografia.

que seu seio começou a inchar; logo depois manifestou-se num câncer tão grave, rapidamente invasivo, que não pude cuidar de seu caso. Ela jamais tivera qualquer doença no seio.

Em 1802, um grupo de importantes médicos da Inglaterra e do País de Gales formaram uma organização com a denominação otimista e animada "Sociedade para a Prevenção e Cura do Câncer". Publicaram uma lista de onze perguntas, cada uma delas descrevendo uma área que eles consideravam necessitar de mais pesquisas. Uma das perguntas era: "Existe um temperamento predisposto?".

Em 1846, Walter Hoyle Walshe publicou seu tratado *The Nature and Treatment of Cancer*, que se tornou o trabalho definitivo daquela época. Ele abrangia tudo o que se conhecia sobre o assunto. Walshe era um homem muito experiente e respeitado e "aparentemente conhecedor de tudo o que havia sido escrito e dito sobre o câncer em sua época".

Walshe afirmou seu ponto de vista de forma nítida e categórica:

> *Muita coisa já foi escrita sobre a influência da angústia, de súbitas reviravoltas da sorte e da depressão habitual no problema carcinomatoso. Se pudermos acreditar nos autores sistemáticos, elas constituem a causa mais poderosa da doença; ... embora a citada influência da inquietação mental não tenha sido objeto de demonstração, seria inútil negar que freqüentemente são observados fatos de caráter convincente com relação à atuação da mente na criação dessa doença. Eu mesmo já encontrei casos em que a ligação parecia tão clara que questionar sua realidade teria sido uma luta contra a razão.*

Walshe fez determinadas recomendações aos membros das famílias com históricos de câncer, que ilustram a força de sua crença em seu ponto de vista. Ele os aconselhava a serem criteriosos na escolha de profissões, evitando aquelas

> *... cuja prática ativa e dedicada acarreta ansiedade e preocupações mais ou menos constantes. A importância dessa consideração surge do que eu disse sobre a influência do sofrimento mental no aparecimento da doença. Por essa razão, profissões como advocacia, medicina e diplomacia deveriam ser evitadas ... Considerando-se todas as coisas, as carreiras militar, como o Exército e a Marinha, e religiosa, a não ser que existam algumas objeções especiais, oferecem a melhor oportunidade para evitar doenças em indivíduos predispostos ao câncer.*

Por dedução, Walshe afirmava claramente que uma tendência genética, somada a um *stress* psicológico prolongado, resultaria no câncer.

Willard Parker, em 1885, resumiu seus 53 anos de experiência cirúrgica com câncer:

É um fato que a dor está especialmente associada à doença. Se os pacientes com câncer fossem, via de regra, alegres, antes que o tumor maligno surgisse, a teoria psicológica, independentemente de sua lógica, deveria estar errada: mas é o contrário. O fato comprova aquilo que a razão demonstra.

Muito antes disso, Sir James Paget, em seu clássico *Surgical Pathology*, escreveu:

São tão freqüentes os casos em que a ansiedade profunda, a esperança frustrada e desapontamento duradouros são rapidamente seguidos pelo desenvolvimento e crescimento do câncer, que não podemos duvidar que a depressão mental seja um poderoso aditivo às outras influências, favorecendo o desenvolvimento da constituição cancerosa.

Em 1871, Sir Thomas Watson exprimiu sua conclusão desta forma:

O stress *mental muito intenso foi considerado influente na aceleração do desenvolvimento da doença cancerosa em pessoas já predispostas. Em minha longa vida de experiências, com freqüência observei esses resultados e só posso considerar sua imputação como verdadeira.*

Herbert Snow, trabalhando no London Cancer Hospital, ficou profundamente impressionado com a opinião de Paget, bem como com os relatórios de outros antecessores. Nos três livros escritos em 1883, 1890 e 1893, ele apresentou em detalhes as descobertas de suas pesquisas e seus conceitos. Em seu último livro, escreveu:

Somos logicamente forçados a averiguar se a grande maioria dos casos não poderia ser de origem neurótica... Descobrimos que o número de ocasiões em que a doença maligna do seio e do útero surge imediatamente após uma emoção de caráter depressivo é muito grande para ser atribuído ao acaso ou à possibilidade de golpes de má sorte que os pacientes de câncer, em sua passagem pela vida, compartilham com muitas outras pessoas não tão infelizes.

Os autores dessas afirmações foram os principais especialistas de sua época. Seus nomes são até hoje muito conhecidos nos círculos médicos.

Portanto, o fato de o câncer e a história da vida emocional do paciente estarem ligados era comumente aceito nos círculos médicos até 1900. A partir daquele momento, esse ponto de vista começou a desaparecer muito rapidamente dos livros e revistas. Existe uma série de razões para isso. O aspecto psicossomático foi ficando cada vez mais fora de moda durante meio século. Além disso, a cirurgia, que era indolor e anti-séptica, desenvolvera-se nos quinze anos anteriores e surgia como a melhor maneira de se lidar com o câncer. A cirurgia passa a focalizar nossa atenção no câncer como uma doença localizada numa parte específica do corpo e não como um aspecto do funcionamento do ser humano como um todo, que é a essência da visão psicossomática. Surgindo pouco depois como um método terapêutico, a radiação reforçou o conceito do câncer como um problema corporal localizado.

Outra razão para a mudança foi o fato de a teoria psicossomática ser inútil naquela época. A psiquiatria mal estava entrando na fase descritiva e não existiam ferramentas com as quais explorar o assunto ou que pudessem ser utilizadas para se tentar intervir nos processos envolvidos. Simplesmente, não havia nada a fazer com a informação sobre a relação mente-corpo nos casos de câncer — não havia técnicas disponíveis para torná-la útil.

Assim, gradativamente, a idéia de que o câncer estava relacionado à história da vida da pessoa desapareceu da literatura e dos conceitos aceitos na medicina. Alguns médicos tentaram mantê-la viva, porém sem resultado. Durante meio século essa idéia permaneceu quase desconhecida.

Agora, a situação mudou totalmente. A partir de 1955, dezenas de estudos mostraram conclusivamente que a história da vida emocional muitas vezes desempenha realmente um importante papel na determinação da resistência do indivíduo em contrair o câncer e na evolução do câncer após seu surgimento. Certamente esse não é o único fator e não atinge todo o universo de pessoas com câncer, mas a história da vida emocional dos pacientes de câncer deve ser considerada. Além disso, dispomos atualmente de técnicas e ferramentas para explorar o assunto muito mais profundamente, e muitos desses estudos já foram realizados. Os estudos são de natureza retrospectiva (investigação da história da vida emocional do paciente após o aparecimento do câncer) e prospectiva (prognóstico do futuro a partir de fatores psicológicos). Um bom exemplo dos estudos prospectivos é o trabalho de Ronald Greer e seu grupo. Greer entrevistou algumas mulheres que haviam feito mastectomia. Baseando-se nas entrevistas (três meses após a cirurgia), ele as dividiu em grupos de acordo com suas atitudes. Então, simplesmente observou o que acontecia às mulheres durante um período de mais de quinze anos. Descobriu que, como previra, alguns grupos apresentavam um índice de sobrevivência estatisticamente significativo, mais elevado do que outros. Por exemplo, o grupo "animado" ("Vou derrotar esta coisa e ninguém irá me impedir") apresentou um índice de sobrevivência muito mais elevado do que o grupo "apático" ("Minha vida acabou e nada mais vale a pena"). As atitudes das mulheres previam claramente suas chances de sobrevivência prolongada.

Atualmente encontram-se disponíveis vários excelentes estudos. No final do livro, na Bibliografia, estão relacionadas algumas das mais importantes publicações sobre esses trabalhos.

Contudo, quando iniciei a pesquisa que resultou neste livro, a literatura era realmente muito escassa. Não havia parâmetros nos quais pudéssemos nos basear. Tudo o que eu sabia era que existiam indicações suficientemente fortes para tornar o assunto digno de investigação.

Em 1952, com um subsídio para pesquisas e treinamento clínico e experimental para realizar um legítimo trabalho, recorri aos principais hospitais de Nova York. Eu esperava não ter dificuldades em encontrar um lugar para trabalhar, uma vez que o objetivo do subsídio era simplesmente investigar o câncer como uma doença cuja presença e desenvolvimento eram influenciados por fatores de personalidade. Para minha surpresa, os primeiros quinze hospitais que visitei me recusaram, algumas vezes com uma rapidez chocante. Um importante cirurgião de um grande hospital disse: "Mesmo que você prove isso [que existe uma relação] em dez anos, eu não acreditarei!". Parecia não haver nenhuma resposta em especial que eu pudesse dar a essa afirmação*.

Entretanto, logo desenvolvi um excelente relacionamento de trabalho com o dr. Emanuel Revici e seu Instituto de Biologia Aplicada, e durante os doze anos seguintes trabalhei em tempo integral com seus pacientes.

Comecei com entrevistas psicológicas (com duração de duas a oito horas) e apliquei diversos tipos de teste de personalidade. À medida que progredia, apresentava meu trabalho em revistas de psicologia e psiquiatria. Depois de alguns anos, passei gradualmente a fazer psicoterapia com os pacientes do Instituto e do Hospital Trafalgar. Na época, parecia, e ainda parece, que a melhor maneira de um profissional conhecer as pessoas, sua história e o mundo em que vivem é envolver-se com elas no processo psicoterapêutico. As histórias de pacientes com câncer que apresento neste livro são típicas das pessoas com as quais trabalhei por mais de 35 anos.

A única coisa que surgiu mais nitidamente durante meu trabalho foi o *contexto* em que o câncer se desenvolveu. Na grande

---

* De qualquer forma, foi uma afirmação honesta. Doze anos mais tarde, esse cirurgião anunciou que havia descoberto uma relação entre a personalidade e o câncer.

maioria das pessoas que eu entrevistei (certamente não em todas) existira, antes dos primeiros sinais visíveis do câncer, uma perda de esperança de jamais conseguir um tipo de vida que oferecesse uma satisfação real e profunda, que proporcionasse uma sólida razão de ser, o tipo de significado que nos deixa felizes de sair da cama pela manhã e contentes de ir para a cama à noite — o tipo de vida que nos faz aguardar com entusiasmo cada novo dia e o futuro.

Com freqüência, essa ausência de esperança surgia da impossibilidade da pessoa em se relacionar e se expressar e da incapacidade de encontrar um substituto significativo. Agora, o significado das estatísticas, que mostravam maior probabilidade de câncer em viúvas e viúvos, independentemente da idade, começava a ficar claro. Entre eles, muitos haviam tornado o cônjuge e o casamento o foco central de suas vidas; era isso que dava significado às suas existências, e após a morte do companheiro não conseguiam encontrar outra maneira de se expressarem. Muito semelhante era a explicação para o fato de que para os homens o índice mais elevado de câncer surgia logo após a aposentadoria, tivessem eles 60, 65, 70 anos, ou outra idade qualquer*. Nos casais, o índice de mortalidade de câncer, para homens e mulheres, era mais elevado entre aqueles que não tinham filhos do que entre os casais com filhos. Estou certo de que a explicação para esse fato é que, para muitos, quando a relação entre os cônjuges já não existia os filhos proporcionavam uma forma adequada de relacionamento. Esse índice também era menor entre os casais cujo marido tornara a esposa a beneficiária de seu seguro de vida do que entre os que não o fizeram!

Eu era capaz de fazer mais de trinta previsões baseadas em diferenças estatisticamente confiáveis sobre os índices de mortalidade em diversos grupos. Podia prever os grupos que teriam o maior índice de perda de uma relação significativa; de acordo com minhas previsões, esse grupo também representaria o maior índice de mortalidade. Sempre que essas previsões podiam ser comparadas às estatísticas publicadas, estavam corretas. (As publicações especializadas a respeito dessa descoberta constam da Bibliografia.)

Em muitos outros indivíduos que encontrei e com os quais trabalhei, não houve a perda objetiva de uma relação, mas sim a perda da esperança de encontrar, através de sua maneira individual de expressão e de seus relacionamentos, a profunda satisfação por que tanto ansiavam. Independentemente de seu sucesso individual e do nível alcançado na profissão, eles não se sentiam realizados, não encon-

---

* Isso também era verdadeiro para os antigos nazistas, que em 1946 e 1947 eram compulsoriamente aposentados do serviço burocrático alemão, aos 35 ou 40 anos de idade!

trando prazer e entusiasmo duradouros nesse sucesso, e, finalmente, desistiram da esperança de *algum dia* encontrá-los. A profunda desesperança foi, em muitas das pessoas que encontrei, seguida do aparecimento do câncer. Repetidamente, descobri que a pessoa com quem eu trabalhava lembrava-me a definição de câncer do poeta W.H. Auden. Ele o chamava de "um fogo criativo derrotado".

À medida que esse padrão se tornou mais nítido, comecei também a trabalhar com grupos de *controle*, pessoas sem câncer a quem também submetia os mesmos testes de personalidade e com quem trabalhei da mesma maneira na psicoterapia. Durante muitos anos, descobri esse padrão de perda de esperança em 70 a 80 por cento de meus pacientes de câncer, e apenas em mais ou menos 10 por cento, no grupo de controle.

Sydney era um homem de negócios bem-sucedido, cujo vigor e inteligência rápida e abrangente tinham-no ajudado a atingir uma posição muito elevada em seu campo de atividade. Ele sempre acreditara em manter abertos os canais de promoção de sua companhia, aceitando pessoas jovens e novas idéias; assim, aos 65 anos, já tendo sido diretor executivo e presidente durante cinco anos, ele se aposentou. Quando, alguns anos mais tarde, perguntei-lhe o que esperava fazer com seu nível de energia ainda muito elevado, pareceu um pouco desconcertado, e disse que havia pensado em jogar tênis e golfe e que daí em diante poderia ter a oportunidade de exercitar-se quantas vezes quisesse.

Realmente, durante um ano ele se dedicou profundamente ao esporte. Era um atleta nato e antes da Segunda Guerra Mundial jogara beisebol, com boas chances de integrar os times mais importantes; ao ser recrutado para a tropa de pára-quedistas, aquela opção terminou. Sydney ainda jogava bem e era solicitado pelos membros de diversos clubes para jogar tênis e golfe. Embora tivesse ansiado por esse tipo de vida, ela ainda o deixava insatisfeito e com um sofrimento de vazio e "à deriva". Ele não conseguia compreender esse fato; durante toda a vida amara os esportes e esperara com ansiedade pelo dia em que pudesse ter tempo para se dedicar a eles. Agora, de alguma maneira, isso não bastava. Ansiava por alguma coisa, mas não sabia o quê.

Então, Sydney foi à Escócia com um grupo, para jogar num dos maiores campos de golfe. Em um hotel luxuoso, todas as manhãs jogava golfe com um grupo muito agradável, e quase todas as tardes jogava tênis. O tempo estava maravilhoso. Após cinco dias, ele acordou uma manhã e descobriu, para sua surpresa, que estava querendo que chovesse para que não precisasse continuar a cumprir o programa.

Mais ou menos nessa época ele começou a sentir alguns sintomas no aparelho digestivo e, após um minucioso exame médico, foi diagnosticado um câncer no intestino delgado. Depois de se submeter a uma cirurgia e terminar o tratamento quimioterápico, Sydney ficava em casa, assistindo à televisão e lendo jornais. Sentia-se vagamente deprimido e perdido. Nada o interessava. Sentia-se cansado e abatido. Um ano depois do término da quimioterapia, encontraram uma nova metástase, e ele iniciou uma segunda série de tratamentos.

Durante essa época, começamos a trabalhar juntos. Um amigo de Sydney sugerira que me consultasse, e ele concordou. Gostamos um do outro e começamos a trabalhar em sessões de noventa minutos, três ou quatro vezes por mês. Ambos concordamos que esse seria o ritmo melhor e mais adequado para ele.

O principal problema de Sydney era sua constante fadiga. Descansar parecia não ajudá-lo. Discutimos o fato de existirem dois tipos diferentes de exaustão. Na exaustão aguda, precisamos descansar e dormir. Na exaustão crônica — como a dele —, era necessária uma prescrição inteiramente diferente. Aqui, é importante uma mudança na ecologia total da pessoa — uma mudança na entrada e saída de energia. É muito mais provável que a exaustão crônica seja provocada, em grande parte, por um fluxo bloqueado de energia do que pela falta de energia. Geralmente, o cansaço é resultado de uma ausência de energia *disponível*, devido a canais da expressão bloqueados, e não conseqüência da falta de energia no organismo. Em determinado momento, Sydney disse: "É verdade que descansar não devolve minha energia, mesmo após meses. Apenas fico mais cansado. Acho que um dos problemas de não se fazer nada é que você não pode parar e descansar!".

À medida que trabalhamos e exploramos essa área, tornou-se cada vez mais claro que ele havia perdido o contexto e o significado de sua vida. Originário de uma família pobre e começando a trabalhar durante a Depressão, ele havia concentrado toda a sua existência nos negócios. Ele adorava isso, dera-lhe um grande impulso e um elevado padrão ético. Os negócios tinham sido o centro de sua existência, proporcionando-lhe objetivos, a percepção de si mesmo e uma razão para se levantar pela manhã; sem isso, nada mais tinha um verdadeiro significado. Sentia que poderia ter suportado qualquer outra perda e ainda assim, depois de um tempo, teria recuperado de qualquer maneira seu habitual prazer e entusiasmo. Eu lhe dei para ler o magnífico discurso de Otelo, de Shakespeare. Otelo chegara à conclusão de que a coisa mais importante de *sua* vida, a relação com Desdêmona, estava perdida e que ela havia sido infiel. Ele diz que se tivesse sido ferido, injustamente acusado de crimes, aprisionado, perdido sua posição como general, ou qualquer outra coisa,

> *Ainda assim poderia suportar isso também; bem, bem:*
> *Mas ali, onde depositei meu coração,*
> *Onde devo viver, ou não suportar nenhuma vida;*
> *A fonte da qual vem minha seiva,*
> *Senão ela seca; Ser arrancado desse lugar!*

Sydney leu uma vez, linha por linha, e percebeu o significado. Então, leu-o novamente com profunda emoção. "Quando você perde aquilo que é *verdadeiro* para você", disse, "nada mais importa muito. Seria melhor estar morto."

Salientei que estava claro como ele se sentia e qual a mensagem que estava enviando para seu corpo. Perguntei-lhe como poderia esperar que seu sistema imunológico se mobilizasse e lutasse por sua vida nessas circunstâncias. Ele concordou e perguntou: "Bem, o que eu posso fazer?". Respondi que estava na hora de começarmos a agir.

Nada parecia ter muita importância para Sydney. Ele achava que tudo era, de algum modo, vago e sem sentido; nada possuía um impacto emocional marcante. Lembrou-se de como se sentira antes, como se sentia entusiasmado e cheio de interesse. Podia se lembrar algumas vezes de até evocar esses sentimentos, mas, agora, eles pareciam não se ajustar mais a ele. As lembranças estavam lá, mas eram apenas lembranças. Citei Edwin Arlington Robinson para ele:

> *Não posso encontrar meu caminho; não há estrelas*
> *Em nenhum lugar no firmamento encoberto;*
> *E não há nenhum sussurro no ar,*
> *Nenhuma voz viva, mas apenas uma, tão distante,*
> *Que posso ouvi-la somente como um compasso*
> *Da majestosa música perdida...*

"Sim", disse ele, "sim. Ele sabia."

Conversamos sobre o fato de não haver nada que realmente o interessasse, nada que desejasse fazer. Ele estava à deriva, passivo em relação à sua vida. Falei-lhe de um provérbio de Gurdjieff, um dos grandes mestres esotéricos: "A energia expressa de maneira passiva está perdida para sempre. A energia utilizada no trabalho ativo rapidamente se transforma em novo estoque". "Não é de admirar", disse eu, "que você esteja constantemente tão cansado."

Chegamos à conclusão de que durante toda a vida Sydney basicamente se interessara por duas coisas: esportes e negócios. Agora, ambos estavam encerrados, e ele não conseguia imaginar nenhuma outra atividade que realmente pudesse atraí-lo. A participação em esportes ativos estava ficando cada vez mais difícil, devido ao inexorável processo de envelhecimento, acelerado por sua doença. Quanto aos negócios, não o interessavam mais. Ele havia trabalhado durante muitos anos, defrontara-se e lidara com a maioria de seus problemas e realmente restaram poucos interesses nessa área.

Começamos a explorar o que estava bloqueando sua percepção de outras áreas às quais poderia dedicar suas energias. Sendo tão inteligente e dotado de tantas habilidades, o fato de não conseguir encontrar uma forma de expressar sua criatividade numa cultura tão rica e complexa como a nossa certamente indicava bloqueios emocionais muito fortes. À medida que os explorávamos, voltando às suas origens e examinando-os com olhos adultos, o nível de energia de Sydney começou a aumentar. Ele sempre se interessara por questões internacionais e política; porém, jamais se envolvera em nenhuma delas. Começou a ler muito, participar de seminários para empresários e profissionais de alto nível, encontrando outras pessoas igualmente interessadas. Embora no início considerasse a possibilidade de se dedicar à política, talvez ajudando na campanha de alguém que considerasse útil para o país, isso não se concretizou. Sydney começou a perceber que seu interesse estava na verdade em níveis bem diferentes, mais profundos e filosóficos. Atualmente, faz parte de uma organização semelhante ao Clube de Roma, um grupo de pessoas sérias e inteligentes preocupadas com os efeitos da explosão demográfica e do número crescente de entidades agrícolas e comerciais em nossa sociedade. Era um grupo esforçado, que necessitava de toda a experiência e inteligência dele. Sydney atingiu seus limites e os ultrapassou; começou a estudar questões e conceitos sociológicos. Seu nível de energia tornou-se tão elevado quanto antes, quando começou a abrir seu caminho nos negócios, havia quarenta anos. Estudar, discutir, organizar e participar de seminários com cientistas sociais em questões específicas preencheu sua vida. Tive que encorajá-lo a continuar praticando um pouco de golfe e exercícios regulares para manter a forma. A segunda série de quimioterapia foi bem-sucedida, e nos últimos cinco anos não houve recorrências de seu câncer. Nossas sessões foram gradativamente cessando, pois tornou-se cada vez mais difícil programá-las, devido ao seu trabalho. Agora ele é um homem realizado; um homem que está ocupado demais, *presente* demais em sua própria vida, para perguntar a si mesmo se é ou não feliz.

Quando comecei o trabalho psicoterapêutico com portadores de câncer, usei os métodos e conceitos com os quais havia sido treinado. Minha formação e orientação eram muito freudianas e psicanalíticas. (Pertencia àquele grupo de pessoas que, se não ajoelhávamos todas as manhãs, voltados para Viena, provavelmente era porque não tínhamos certeza de qual direção em que ela se localizava!) Eu treinara e utilizara uma técnica psicanalítica modificada — nós não nos encontrávamos cinco vezes por semana, e sentávamo-nos em cadeiras em vez de deitarmo-nos em sofás. Eu também falava muito mais do que o aprovado pela abordagem psicanalítica clássica. Entretanto, meu método se baseava nos conceitos freudianos, e eu via as coisas e interpretava os comentários dos pacientes da forma indicada pela teoria freudiana.

As pessoas com câncer com quem eu estava trabalhando cooperavam e eram fáceis de lidar. Elas não faziam objeções ao meu método e pareciam gostar de trabalhar comigo. Gradativamente, entretanto, tornei-me consciente de que havia alguns importantes problemas em minha abordagem.

Primeiro, o que conversávamos tinha muito pouco a ver com as atuais preocupações dos pacientes. Lá estavam pessoas ameaçadas pela morte, muitas vezes com dores físicas, muitas vezes com profundas ansiedades e preocupações relacionadas ao presente e ao futuro. Elas estavam preocupadas com sua própria mortalidade, com o que aconteceria com as pessoas que amavam, caso morressem, preocupadas em decidir entre diferentes técnicas de tratamento, quando existia uma decisão de vida ou morte, e possuíam informações insuficientes e opiniões conflitantes dos especialistas. Como o modelo teórico que eu estava utilizando dirigia sutilmente o processo, logo eles estavam falando sobre suas experiências de infância, treino de controle para usar o banheiro e coisas assim. Cada vez mais, tornou-se claro para mim que estávamos deixando de lado as verdadeiras experiências de vida do paciente, para falar a respeito de coisas que a teoria dizia serem importantes. Tornou-se cada vez mais evidente que o que estávamos fazendo era irrelevante e, principalmente, numa época em que a pessoa com câncer dispunha de pouco tempo e energia para desperdiçar com banalidades.

O segundo problema com a abordagem era que eu constantemente via coisas em meus pacientes que não se encaixavam no modelo teórico que estava utilizando — que não deveriam existir, mas existiam. No modelo psicanalítico não há lugar para estímulos básicos positivos. Os estímulos positivos são considerados distorções de impulsos negativos e inaceitáveis. Embora eu tenha sido treinado a encarar os seres humanos dessa forma, o que eu via era muito diferente. Eu via coragem que *não* era uma reação à dependência e narcisismo. Eu via amor por uma esposa que *não* era um deslocamento edipiano. Estava vendo dignidade profundamente sentida e não um reflexo de alguma outra coisa. Enquanto trabalhava, descobri a mim mesmo respeitando cada vez mais meus pacientes e sentindo orgulho de ser um ser humano. Não são essas as emoções que se espera de um terapeuta freudiano. Fiquei cada vez mais convencido de que alguma coisa estava muito errada com o modelo de ser humano e o método de terapia que estava utilizando.

A terceira coisa que me fez compreender que minha abordagem terapêutica não era válida para essas pessoas foi o fato de nenhum de meus pacientes estar melhorando! Eles podiam ansiar pelas visitas, podiam até sentir-se melhor depois, mas continuavam morrendo da mesma maneira, como se eu não estivesse envolvido com eles. A psicoterapia não estava fazendo nenhuma diferença na sobrevida deles.

Ao olhar para trás, vejo que deveria ter esperado por isso. Todo terapeuta experiente, que trabalha com um dos métodos clássicos da psicoterapia dinâmica, teve pacientes que desenvolveram câncer no final ou durante um excelente processo terapêutico. Para surtir efeito, a terapia não poderia se basear nos modelos que estavam sendo utilizados.

Comecei a examinar as premissas básicas de minha abordagem e a condição psicológica das pessoas com câncer com as quais eu estava trabalhando. Na época em que Sydney e eu começamos a trabalhar juntos, havia surgido uma abordagem radicalmente nova: uma abordagem que era relevante e que os pacientes consideravam relevante, que era relevante para o contexto em que tinham ficado doentes, uma abordagem que com freqüência estimulava o sistema imunológico dos pacientes para melhorar suas reações ao tratamento médico.

A partir do momento em que aprendi a usar essa abordagem, há uns vinte anos aproximadamente, metade de meus pacientes "incuráveis", "terminais", entraram em um longo período de remissão e ainda estão vivos. As vidas de muitos outros pareciam mais longas do que o esperado dentro dos padrões das previsões médicas. Quase todos descobriram que trabalhar desta nova maneira melhorava a "cor" e o "tônus" emocional de suas vidas e tornara o último período de suas existências muito mais ativo e interessante do que era antes do início do processo terapêutico. Este livro aborda esse método, como pode ser usado por psicoterapeutas, como os pacientes que não estão trabalhando com um terapeuta podem usar os *insights* obtidos com essa pesquisa para tentar prolongar e melhorar suas próprias vidas e como as famílias e amigos podem ajudar. Aqui, descrevo a abordagem resumidamente. O restante deste livro e as extensas histórias das pessoas com quem trabalhei visam ilustrar essa experiência e torná-la útil aos pacientes de câncer, terapeutas, familiares e amigos.

No início de seu desenvolvimento, todo processo psicoterapêutico define as questões básicas que está tentando responder. Nos modelos habituais de terapia, são estas as perguntas:

1. O que está errado com esta pessoa?

2. Como ele ou ela chegou a este estado?

3. O que pode ser feito a este respeito?

Essas perguntas são fundamentais para o processo terapêutico, quer o terapeuta siga o modelo ou método freudiano, junguiano, adleriano, existencialista ou humanista. A terapia baseada nessas perguntas pode ser maravilhosa e muito eficaz para ajudar em uma ampla variedade de problemas emocionais e cognitivos. Entretanto, ela não é eficaz com pacientes de câncer. *Simplesmente, ela não mobiliza a capacidade de autocura da pessoa trazendo-a em auxílio ao tratamento médico.* Atualmente possuímos experiência suficiente em muitos países para afirmar que isso é uma realidade.

A abordagem terapêutica desenvolvida nessa pesquisa para um trabalho com pessoas com câncer baseia-se em perguntas totalmente diferentes:

1. O que está bem nesta pessoa? Qual sua maneira única e especial de ser, de se relacionar, criar, que constitui sua própria e natural forma de viver? Qual a música especial para sua vida, sua canção particular que faz com que ao cantá-la ela se sinta feliz ao se levantar pela manhã e contente ao ir para a cama à noite? Qual o estilo de vida que lhe proporcionaria prazer, entusiasmo, dedicação?

2. Como podemos trabalhar juntos para encontrar essa maneira de ser, de se relacionar e de criar? O que bloqueou sua percepção e/ou expressão no passado? Como podemos trabalhar juntos para que a pessoa siga nessa direção até conseguir viver uma vida plena e prazerosa, sem que lhe sobre tempo ou energia para a psicoterapia?

Como fica imediatamente óbvio, uma psicoterapia baseada nessa abordagem é bem diferente daquela fundada nas antigas perguntas.

Independentemente de qualquer outra coisa, ela é mais como uma aventura excitante e possui uma qualidade básica diferente. Estamos procurando descobrir o que está certo no paciente, não o que está errado. No restante deste livro, ilustrarei como funciona este novo método.

Quando comecei a trabalhar, simplesmente acrescentei a psicoterapia ao tratamento médico. Geralmente, depois que aprendi a trabalhar com pessoas com câncer, o método mostrou-se surpreendentemente eficaz. Entretanto, no decorrer do tempo, meus pacientes me ensinaram que uma abordagem mais ampla seria melhor. Com freqüência, eles já estavam procurando havia muito tempo formas de lidar com seu tumor, e aprenderam a trabalhar nos três níveis da vida humana: o físico, o psicológico e o espiritual. Comecei a perceber que aqueles pacientes que me haviam ultrapassado, que estavam conscientemente trabalhando nos três níveis, tendiam a se sair melhor do que aqueles que não o faziam. Com o tempo, aprendi a abordagem holística à doença e a utilizá-la. No capítulo 6, apresento minha opinião sobre essa questão, da forma como a considero atualmente.

Este não é um livro do tipo "Faça você mesmo". Para muitas pessoas, o método aqui delineado funciona muito melhor quando elas recebem a ajuda de um psicoterapeuta com a mesma orientação. Contudo, também incluí nesta obra algumas narrativas sobre pessoas que o fizeram por si mesmas, com a ajuda dos membros da família ou amigos, ou compareceram a uma ocasional sessão de aconselhamento.

Uma das perguntas que quase sempre surge quando falo sobre fatores psicológicos que colaboraram na origem e desenvolvimento do câncer é: "Isso quer dizer que ter câncer é culpa da própria pessoa?". Minha resposta veemente e inequívoca a essa pergunta é: "Certamente que não!". Todos nós, enquanto nos desenvolvemos na vida, caímos em armadilhas emocionais e intelectuais. Em nossa infância temos *tanto* a aprender. Muito cedo, com uma experiência bastante limitada e um cérebro ainda não totalmente desenvolvido, precisamos aprender coisas como respeitar a nós mesmos e aos outros, o que significa ser uma "boa" pessoa, e como podemos manifestar nosso amor e outros sentimentos e procurar o amor dos outros. Muitos outros problemas desse tipo também devem ser resolvidos nos primeiros poucos anos de vida. Com freqüência, chegamos a conclusões sobre o significado do comportamento de nossos pais, que é muito mais aceito pelo fato de sermos tão jovens, do que pelo que nossos pais estão ou não tentando nos transmitir. Com bastante freqüência, recebemos mensagens que nunca foram enviadas e distorcemos completamente o significado de nossas observações. Quando chegamos a uma conclusão sobre a maneira de resolver tais problemas, as soluções tendem a parecer eternamente verdadeiras para nós. Certamente, elas são muito difíceis de se modificar ou corrigir.

Algumas vezes, as armadilhas em que caímos sobre a maneira de nos relacionarmos conosco e com os outros são de tal natureza que, se perdurarem durante um longo período, podem estressar demais nosso corpo. Algumas ocasiões, em parte resultado disso, o corpo desmorona. O mecanismo de defesa contra o câncer pode ficar enfraquecido em virtude desse esgotamento.

De acordo com a melhor teoria que possuímos atualmente, todos nós adquirimos câncer muitas vezes por dia. Enquanto os bilhões de células individuais se dividem e se multiplicam, algumas perdem sua ligação com o resto do corpo — sua habilidade para manter a relação com o órgão no qual elas se encontram é destruída. Então, surge um câncer. Isso acontece repetidamente, mas nosso mecanismo de defesa — não sabemos muito a seu respeito, porém ele existe — rapidamente toma conta da situação.

A força desse mecanismo de defesa, que faz parte do sistema imunológico, é originalmente estabelecida por nossa herança genética. Embora ao nascer tenhamos um mecanismo de defesa com uma determinada força, ela pode enfraquecer em razão de uma série de fatores. Alguns tipos de produtos derivados do carvão podem enfraquecê-la. A radiação pode torná-la menos eficiente. Pelo menos um tipo de *stress* emocional prolongado também pode diminuir sua força. O único tipo de *stress* emocional que conhecemos hoje em dia, e que certamente consegue enfraquecê-la, é a perda da esperança de jamais vivermos nossa vida de maneira significativa, de jamais podermos cantar nossa própria canção e nos relacionar, ser, criar, da forma que seja mais importante para nós.

Parte de minha pesquisa foi dedicada à procura de uma resposta para descobrir se podemos fortalecer o mecanismo de defesa contra o câncer e aumentar a eficiência do sistema imunológico *após* o surgimento de um tumor maligno. Será que se recuperarmos nossa esperança na capacidade de viver nossa própria vida, nosso mecanismo de defesa contra o câncer irá recuperar sua força e virá em auxílio do tratamento médico? Será que, se procurarmos viver esse tipo de vida, nossa capacidade de autocura agirá mais eficientemente e aumentará nossa resistência ao câncer? A resposta fornecida por essa pesquisa é um nítido sim.

Naturalmente, não existem garantias aqui ou em qualquer outro lugar na vida. Muitos dos pacientes referidos neste livro morreram. Muitos, que possuíam um câncer que não reagia ao tratamento médico, passaram por longos períodos de remissão e ainda estão vivos. Não conhecemos todos os fatores que decidiram, em cada caso, se o mecanismo de defesa contra o câncer conseguiu ou não ficar suficientemente forte, possibilitando a recuperação do doente. Alguns desses fatores são quase certamente fisiológicos. Contudo, agora sabemos o suficiente sobre eles para que as pessoas com câncer disponham de uma nova forma, normalmente eficaz, de lutar por sua sobrevivência.

2

UMA INTRODUÇÃO AO MÉTODO: MUDANÇA PSICOLÓGICA PARA MOBILIZAR O SISTEMA IMUNOLÓGICO COMPROMETIDO

De qualquer ponto de vista objetivo, Carol era realmente uma mulher bem-sucedida. Ela havia atingido a posição mais elevada que uma mulher pode alcançar em sua área, tornando-se a primeira vice-presidente executiva de uma grande empresa. Almoçava com pessoas fascinantes nos restaurantes mais badalados e morava num apartamento de cobertura na Quinta Avenida. Sua família tinha muito orgulho dela e seus colegas e amigos a invejavam. A única coisa errada é que ela secretamente odiava sua vida e tudo o que se relacionava a ela. Carol não gostava particularmente das pessoas com quem trabalhava. Quando tinha trinta e poucos anos, seu médico, durante um exame anual, ficou perturbado ao ver seis grandes manchas negras em suas costas, que não estavam lá no ano anterior. Ele retirou material de uma delas para fazer uma biópsia. Quando Carol voltou três dias depois, ele lhe revelou que as manchas eram malignas. Seu prognóstico, dentro dos critérios médicos mais sensatos, era muito pessimista.

Carol conhecia meu trabalho por intermédio de sua secretária, cuja irmã havia me consultado. Ela deixou o consultório médico, foi ao telefone mais próximo, procurou meu número na lista telefônica e me ligou. Como tinha algum tempo livre, eu a vi naquela mesma tarde. Conversamos durante uma hora, gostamos um do outro, e estabelecemos uma série regular de entrevistas.

Na quinta sessão, tivemos uma discussão que jamais esquecerei:

CAROL: Você realmente acredita nesse negócio que vem me dizendo sobre as pessoas serem diferentes e que cada um precisa ter sua própria vida individual e crescer à sua própria maneira?
EU: Sim, eu realmente acredito nisso.
CAROL: Então, por que não ouviu nenhuma palavra que eu disse?
EU (*após uma pausa para pensar nisso*): Obviamente perdi alguma coisa muito importante que você disse. Se você me explicar, farei o melhor para tentar compreender.
CAROL: Primeiro, vamos voltar um pouco atrás. Qual a duração de suas sessões com os pacientes?
EU: Uma hora.
CAROL: Existe alguma pesquisa a esse respeito? Como você sabe que esta é a duração certa para uma sessão?
EU: Não sei*.
CAROL: Está bem, esqueça. Quantas vezes por semana você se encontra com alguém como eu?
EU: Via de regra, duas vezes. Algumas vezes, uma vez, e, raramente, em períodos e situações especiais, talvez três vezes por semana.
CAROL: Este é um belo leito procustiano**, não é? Todos, independentemente de serem diferentes ou de sua maneira particular de aprender ou crescer, precisam se encaixar em sua definição sobre a duração correta de uma sessão e do número correto de sessões por semana.
EU: Acho que nunca pensei nisso nestes termos. Estou aprendendo alguma coisa.
CAROL: Eu já lhe disse, pelo menos umas três vezes, como *eu* aprendo. Não tem nada a ver com o seu programa. Você realmente está interessado no *meu* programa, ou era tudo conversa fiada?
EU: Diga novamente.
CAROL: Eu aprendo as coisas em programas rápidos e de execução imediata. Sempre fui assim. Se você quiser fazer as coisas à mi-

---

* Mais tarde, verifiquei e naturalmente não havia tal pesquisa. Aparentemente, o tempo de duração era escolhido primeiramente porque era mais fácil para o terapeuta marcar consultas — de hora em hora, ou de meia em meia hora. Mais recentemente, quando os terapeutas decidiram que gostariam de fazer um intervalo de dez minutos entre as consultas, elas passaram para cinqüenta minutos, novamente sem nenhuma pesquisa. Então, visando marcar hora para um número maior de pacientes e aumentar sua renda, passaram as sessões para 45 minutos. O final dessa seqüência ainda está por vir.
** Referência a Procusto, salteador da Ática, que assaltava os viajantes e torturava-os num leito de ferro. (N. E.)

nha maneira, é assim que deve ser. Nós nos encontraremos cinco ou seis vezes por semana, durante algum tempo. Então, eu lhe direi quando, tirarei umas férias e irei para casa assimilar o que fizemos. E não me telefone; eu lhe telefono. Quando estiver pronta, voltarei para outro programa rápido. Agora, você realmente falou a sério toda essa merda que tem me dito sobre respeitar e nutrir as diferenças, ou vamos continuar à sua maneira?

EU (*depois de resmungar algo sobre o feitiço virar contra o feiticeiro*): Vamos fazê-lo à sua maneira.

Como podemos ver, era um prazer trabalhar com Carol. Segura, forte e aberta, ela conduzia a exploração com vigor, humor e vitalidade.

Entre as primeiras coisas que descobrimos estava o seu desprezo por si mesma, pelo fato de não ter se casado. Na subcultura em que somos criados, uma mulher deve se casar aos 21 ou 22 anos, do contrário pode se considerar uma velha solteirona e um fracasso como ser humano. Carol nunca superou isso. Exploramos seus sentimentos e a forma como lhe transmitiram a idéia de que esta era a única maneira certa para uma mulher viver a sua vida. Então, um dia, ambos começamos a rir do que havíamos descoberto. Ela *não queria* se casar. Gostava de ter romances, de preferência longos, mas preferia que o homem voltasse para sua própria casa depois de uma relação sexual. Gostava de acordar sozinha pela manhã e "tomar meu café e ler o jornal em paz, sem ninguém desarrumando tudo e pedindo ovos e *bacon*, e querendo *conversar* pela manhã!". Depois que os efeitos curativos da risada cuidaram de seus sentimentos nessa área, a tensão e o autodesprezo desapareceram gradativamente.

Conversamos muito sobre seu trabalho. Ela o *odiava*. Não gostava das criaturas que chegavam ao topo em sua área, e preocupava-se pensando que trabalhar com essas pessoas a tornaria tão insensível e impiedosamente ambiciosa quanto elas. Desprezava a natureza agressiva do mundo dos negócios. Seu nível de capacidade muito elevado fez com que ela progredisse muito, sendo reconhecido pelos outros e protegendo-a das intrigas na organização, das quais ela rigorosamente se abstivera. (E, disse Carol, o fato de a organização pensar que ter uma mulher em posição tão elevada melhorava sua imagem também a tinha ajudado.) Mas ela tinha pavor de se tornar parte do sistema. Além disso, descobrira que sua capacidade e disposição para o trabalho não tinham lhe proporcionado felicidade ou paz interior. Ela se sentia num beco sem saída; tinha feito o melhor que podia e o resultado mostrava apenas um futuro de mais trabalho e nenhuma sensação de valor. Citei a abertura da *Divina Comédia*: "no meio da jornada de nossa vida, encontrei-me em uma floresta escura, onde o caminho certo estava perdido". Ela sorriu melancolicamente e concordou. Isso era ela.

Continuei me concentrando não apenas no que Carol *não* gostava, mas também nas coisas de que gostava. Quais tinham sido os melhores momentos de sua vida? Havia algum trabalho que tivesse apreciado, sentindo-se à vontade nele? Qual o trabalho que havia realizado da maneira certa para ela? Quando havia sentido com maior freqüência o "cansaço gostoso", não o "cansaço desagradável"? Quando e onde passara por períodos em que, de repente, quando se percebe, já se passaram três horas e perdemos o almoço? Você se sente cansada, mas sente-se bem, "inteira", relaxada e renovada ao mesmo tempo? Continuei fazendo com que ela voltasse a essas questões.

A faculdade que freqüentara costumava ampliar os períodos de estudo, fazendo com que os alunos trabalhassem regularmente em um emprego durante um semestre. Durante esse período, os estudantes moravam fora do campus, e Carol havia trabalhado em um centro de treinamento físico para adultos deficientes. Essas pessoas, que haviam sido prejudicadas em acidentes ou por doenças, estavam sendo reabilitadas fisicamente, tanto quanto possível, reaprendendo habilidades para poderem sobreviver e aprendendo novas habilidades vocacionais. Carol havia se envolvido profundamente em seu trabalho e tinha adorado. Quando retornou à faculdade, esta lhe pareceu um tanto "sem brilho".

Ela sentia que esse tipo de trabalho seria algo que gostaria de fazer e com o qual se realizaria completamente. Contudo, mudar seu atual estilo de vida e trabalhar para tornar-se uma professora de educação especial parecia uma tarefa muito grande para ser possível. Como poderíamos começar a explorar a idéia?

Começamos com o jogo "Qual a primeira coisa a fazer?". A primeira coisa a fazer parecia ser adquirir algum conhecimento na área. A primeira coisa a fazer era freqüentar alguns cursos noturnos para descobrir como ela realmente se sentiria a respeito desse tipo de trabalho atualmente — em seu atual estágio de desenvolvimento. A primeira coisa a fazer era descobrir as faculdades próximas, que possuíam tais cursos. E assim por diante. Descobrimos que a primeira coisa a fazer para mudar sua vida era comprar selos no caminho de sua casa e escrever para algumas faculdades próximas, pedindo catálogos!

Carol freqüentou diversos cursos durante o ano seguinte e descobriu que essa área a interessava e a envolvia profundamente. Então, para absoluto horror e aflição de seus parentes e amigos, demitiu-se do emprego, vendeu seu apartamento de cobertura, mudou para um prédio de apartamentos sem elevador, próximo à faculdade que escolhera, e tornou-se estudante de tempo integral no curso de pós-graduação.

Carol gostava muito dos cursos e mais ainda do estágio como interna. Descobriu que gostava de se levantar pela manhã e ir para a escola ou para o trabalho e que sua vida tinha uma "cor" muito mais agradável do que durante os anos em que estivera no mundo dos negócios. Pouco a pouco, os períodos entre nossos "programas rápidos" ficaram cada vez mais espaçados. Um dia ela me disse: "Estou começando a me afastar de você. Bill [um amigo da faculdade com quem estava tendo um caso — e que deixava o apartamento dela às duas ou três horas da madrugada e voltava para sua própria casa!] é melhor do que você para conversar sobre meu trabalho, e Nora [também uma amiga da faculdade] é melhor do que você para conversar sobre Bill!".

Concluímos o trabalho, e depois de algum tempo perdi-a de vista. Dez anos mais tarde, encontrei-a, saltitando lepidamente pela rua. Foi a hora de trocarmos um "abraço apertado" enquanto conversávamos um pouco. Entretanto, ambos estávamos com pressa para nossos compromissos, e logo Carol continuou seu caminho. Depois de alguns passos, contudo, ela se voltou e me chamou. Perguntou-me: "Sabe por que nunca entrei em contato com você?". Balancei a cabeça, respondendo que não sabia. Ela continuou: "É porque ando tão ocupada vivendo minha vida, que não tenho nenhum tempo livre para pensar em tolices como câncer, psicoterapia e você!". Para um psicoterapeuta, essa foi uma combinação da Medalha de Honra do Congresso e o Prêmio Nobel. Não poderia haver razão melhor.

Devo acrescentar alguns comentários finais a essa história. Durante os primeiros poucos meses em que trabalhamos juntos, as manchas escuras do melanoma em suas costas pareciam estar aumentando lentamente. Como não havia nada a ser feito a esse respeito, não fizemos nada. O crescimento pareceu cessar (de acordo com o oncologista que a examinava regularmente), após alguns meses. Cerca de seis meses mais tarde, elas pareciam estar diminuindo. Isso continuou até se tornarem invisíveis. Não reapareceram durante os quinze anos seguintes. Que eu saiba, e acredito que ela teria me procurado se surgissem mais problemas desse tipo, ela ainda está livre do câncer, mais de vinte anos depois.

Eu a encontrei novamente, mais ou menos sete anos após o encontro descrito acima, em um concerto no Lincoln Center, e conversamos enquanto tomávamos café. Ela continuou com a educação especial durante cerca de quinze anos, e então sentiu que era hora de uma mudança. Ela estava crescendo, se transformando, e sentia que era o momento para uma nova aventura. Decidiu que gostaria de utilizar suas habilidades administrativas, mas de maneira nova e diferente. Era diretora executiva de uma grande instituição de caridade. Disse que gostava muito desse trabalho e esperava ansiosamente a hora de ir trabalhar, todo dia. Ela sentia que sua vida estava plena, rica e significativa.

Do ponto de vista da atual abordagem à psicoterapia, este caso é bastante raro. Havia muita ênfase na saúde de Carol e pouca em sua patologia. Quando os aspectos neuróticos de sua personalidade foram explorados, a exploração foi mantida no contexto dos fatores existenciais que bloqueavam sua percepção e expressão das maneiras melhores e mais agradáveis de ela criar, ser, relacionar-se. O processo psicoterapêutico foi nitidamente orientado para uma busca conjunta por seu prazer e entusiasmo, não para as causas de seus problemas. Quando essa orientação se tornou clara para Carol, nós nos mantivemos no caminho, reforçando-nos mutuamente.

Esse não era o tipo de psicoterapia para o qual fui originalmente treinado, e certamente não era o que eu esperava fazer no início desta pesquisa. Fui forçado a me dirigir a essa abordagem, caso desejasse ajudar meus pacientes com câncer a mobilizarem seus mecanismos de autocura, trazendo-os em auxílio ao tratamento médico. A psicoterapia baseada na abordagem comum simplesmente não faz isso; a terapia baseada nessa abordagem tinha muito mais possibilidades de atingir seus objetivos. Além disso, quando não conseguia ajudar o paciente a reagir bem ao tratamento médico, ela — na grande maioria dos casos — conseguia modificar a *cor* e a qualidade do último período de vida da pessoa, orientando-a numa direção positiva.

O restante deste capítulo é uma discussão do método ilustrado pela história de Carol e de como ele pode ser utilizado por outras pessoas. Aqui, me concentrei na forma como é utilizado no processo terapêutico; porém, as idéias e conceitos também são válidos para aqueles que estão trabalhando conscientemente em seu próprio crescimento e evoluindo através de outras formas.

Há alguns anos, costumávamos realizar determinado tipo de experiência nos laboratórios de psicologia. Dizíamos aos sujeitos que estávamos efetuando uma pesquisa sobre livre associação de idéias e pedíamos que respondessem espontaneamente a uma lista de palavras que lhes apresentávamos, uma por uma. Sem conhecimento do sujeito, o terapeuta tinha em mente uma "categoria preferida" de palavras. Elas poderiam ser algo como "objetos da natureza", "plurais" (respostas que incluíam mais de um objeto ou processo — "copos" em lugar de "copo"), respostas que indicassem movimento, ou qualquer outra coisa. Sempre que a resposta do sujeito caía na categoria preferida para aquela sessão específica, o experimentador também reagia. Num estudo ele diria "mm-hmm"; em outro apenas bateria de leve sua caneta antes de anotar a resposta; em outro inclinaria ligeiramente a cabeça para a frente e para trás, e assim por diante. Apenas muito raramente os sujeitos percebiam que na realidade esse não era um verdadeiro estudo de livre associação de idéias. Contudo, quase invariavelmente, eles começavam a responder cada vez mais dentro da categoria preferida, até que, depois de um período relativamente pequeno, suas respostas estavam quase inteiramente dentro da categoria preferida, e eles próprios não tinham consciência desse fato. Ao compararmos esses estudos com a situação terapêutica, a diferença óbvia é que, de um modo geral, os psicoterapeutas têm muito mais prestígio nas mentes dos pacientes do que os experimentadores nos laboratórios de psicologia nas mentes dos sujeitos. Na verdade, o prestígio e influência dos psicoterapeutas é tão grande que os indivíduos que fizeram análise freudiana continuaram a ter sonhos freudianos, anos depois de terem completado suas análises; os que fizeram análise junguiana tinham sonhos junguianos, o mesmo acontecendo com adlerianos, existencialistas e quase certamente com todos os outros métodos de terapia.

Todo psicoterapeuta experiente tem consciência de que o objetivo de uma terapia não-dirigida ou não-orientada é completamente inatingível. O que os terapeutas respondem ante o comportamento do paciente, e a maneira como a resposta é apresentada, aquilo que *não* é respondido, o comportamento do terapeuta e mesmo a aparência do consultório, tudo isso proporciona sugestões fortes e sutis das suposições nas quais se baseia o processo, bem como suas orientações e metas. Por seu comportamento, verbal e não-verbal, os terapeutas comunicam claramente aos pacientes o que a terapia está tentando alcançar e como o processo se desenvolve para conseguir esses resultados. Atualmente sabemos que é impossível para os terapeutas mascararem suas suposições e objetivos. Eles precisam adotar determinado comportamento, e esse comportamento também é comunicação.

Em qualquer programa psicoterapêutico, busca-se a questão central, ou um conjunto de questões. Essas questões podem ou não ter sido claramente verbalizadas pelos participantes, mas independentemente disso, elas guiam e dirigem o curso do processo. Quaisquer que sejam as diferentes orientações e expectativas do paciente e do terapeuta antes de iniciarem o trabalho, eles logo chegam a um acordo a respeito de quais são essas questões, mesmo que jamais tenham conversado abertamente sobre elas. A interação entre os participantes do programa terapêutico atenua as diferenças com relação ao que estão buscando, e mediante uma série de sugestões verbais e não-verbais começam a dançar a mesma música e a buscar as mesmas metas.

As questões básicas da psicoterapia psicodinâmica clássica foram estabelecidas por Freud. Outros psicoterapeutas especularam sobre elas como a base para uma possível abordagem à patologia psicológica, mas, quando Freud criou os fundamentos da moderna psicoterapia, ele os estabeleceu dentro de sua própria estrutura.

Freud era neurologista antes de ser psiquiatra. As questões básicas da neurologia são: *Quais são os sintomas? Qual a lesão oculta que está provocando os sintomas? O que podemos fazer a respeito da lesão, ou, se isso não funcionar, como podemos ensinar a pessoa a compensá-la?* Freud as adotou como questões básicas da nova terapia psicológica que estava criando. Nela, ele perguntava: *Quais são os sintomas? Qual é a lesão oculta que os está provocando? O que podemos fazer a esse respeito, seja para eliminar a lesão ou ajudar a pessoa a compensá-la?* Em lugar de lesões físicas, Freud agora estava procurando lesões psicológicas.

Não há dúvida sobre a tremenda utilidade dessa formulação para o desenvolvimento da psicoterapia, ou para o fato de que ela nos ofereceu um método para tratar muitas síndromes dolorosas e mutiladoras, cujos principais sintomas eram psicológicos ou físicos, ou ambos. Quase tudo o que sabemos sobre a psicoterapia, atualmente, baseia-se nessas formulações de Freud.

Entretanto, a longa experiência minha e de muitos outros que atuam nesse campo mostrou que *este não é um conjunto de questões básicas proveitoso quando estamos trabalhando com pessoas portadoras de câncer. Ele simplesmente não leva os pacientes a mobilizarem seus próprios recursos de cura, fazendo com que ajudem no tratamento médico.* Se essa for uma das metas do psicoterapeuta, ele deve encontrar outro conjunto de questões básicas. Neste ponto de nossa pesquisa, isso não é mera especulação, mas sim compreensão, baseada numa longa e árdua experiência.

Atualmente, quando as idéias sobre psicoterapia são tão difundidas, quase sempre os pacientes esperam que o propósito dela seja descobrir o que está errado com eles, como chegaram a esse estado e o que pode ser feito a respeito disso. Eles chegam preparados para buscar, junto com o terapeuta, a explicação de seus sintomas (no passado, no presente, e como estão reagindo a eles, ou — entre os pacientes mais sofisticados — em uma combinação de seu passado e seu presente). A ampla divulgação da psicoterapia pela mídia e pela literatura, e as conversas com amigos que passaram pelo processo, geralmente suscitam expectativas e exigências muito precisas. O terapeuta, com a mesma formação cultural, reforçada pelo treinamento profissional, quase invariavelmente também possui as mesmas expectativas.

Hoje em dia, terapeuta e paciente podem diferir em sofisticação, mas geralmente estão muito próximos em seus pontos de vista sobre a estrutura e a questão básicas do processo. Os pacientes, um pouco mais do que os profissionais, ainda estão sob a influência do conceito (tão bem retratado no filme *Spellbound*) de que a lesão oculta consiste em um incidente traumatizante, e que, quando este for desvendado e as emoções resultantes eliminadas, eles ficarão livres de seus sintomas. Os terapeutas estão um pouco mais inclinados a considerar o incidente traumático como um exemplo de como o paciente viu a relação entre o mundo e ele próprio, e como isso o levou à sua atual condição psicológica, mas o acordo básico sobre as questões neurologicamente fundamentadas ainda não foi resolvido.

Com esse ponto de vista em comum, geralmente não verbalizado e, portanto, com muito reforço mútuo acerca daquilo que a terapia está procurando e tentando fazer, o processo tende a se dirigir inexoravelmente na direção estabelecida por Freud. Nós, em nossa era pós-freudiana, estamos dispostos a aceitá-lo como o caminho natural da prática terapêutica. Esse realmente é o critério convencional sobre o assunto, fortalecido por inúmeros romances, contos, apresentações na televisão e narrativas pessoais.

Nessas condições, é bastante difícil para os terapeutas modificarem sua abordagem. Eles não precisariam reexaminar seu treinamento e reavaliar suas experiências, bem como se confrontarem com as crenças de sua cultura e as expectativas de seus pacientes. Contudo, se os terapeutas desejam fazer com que os pacientes com câncer utilizem sua capacidade de autocura e auto-renovação, trazendo-a em auxílio do tratamento médico (nos termos atualmente aceitos, "ajudando a mobilizar seus sistemas imunológicos"), é exatamente isso o que devem fazer.

Aprendemos que existe um outro conjunto de questões que pode servir de base para o processo psicoterapêutico e que *realmente* ajuda os pacientes a aumentarem sua resistência ao câncer. Essas novas questões estão muito afastadas da abordagem neurológica, que se mostra pouco interessada nas áreas que estão funcionando bem e não apresentam problemas. Essas novas questões referem-se ao que está *certo* com os clientes, sua maneira natural de ser, de relacionar-se, de criar. Qual o tipo de vida que os tornaria felizes ao se levantar pela manhã e contentes ao ir para a cama à noite, que lhes proporcionaria o máximo prazer e entusiasmo na vida? O que poderíamos fazer para que eles pudessem se expressar em níveis físico, psicológico e espiritual, de forma harmônica e "natural" a todo o seu ser? Qual o tipo de vida que estariam vivendo se adaptassem o mundo a si mesmos em lugar de — como geralmente fazem nossos pacientes — se adaptarem ao mundo?

"Vamos supor", dizemos a um paciente, na prática, "que sua fada-madrinha entre por esta porta daqui a alguns minutos. Ela lhe fará uma proposta. Em seis meses, sua vida interior e exterior pode ser exatamente como você gostaria que ela fosse, proporcionando-lhe o máximo de prazer e entusiasmo possível. Você pode mudar seus sentimentos e as circunstâncias. Não existem limites de idade, sexo, educação, e assim por diante. Suponhamos que você escolha a boa saúde física como base e que começaria a partir daí. Existem apenas duas exigências. Você precisa responder nos próximos cinco minutos, e este é um acordo para toda a vida. Ela não vai voltar depois de concordar com sua proposta."

Uma terapia que pretende ajudar a mobilizar o sistema imunológico de pacientes com câncer deve procurar descobrir a resposta a essa pergunta e compreender o que bloqueou sua percepção e/ou está sendo vivenciado como um estilo de vida. E, então, ajudar os pacientes nessa direção.

Quando lhes perguntamos como poderiam modificar sua vida, freqüentemente os pacientes respondem: "Não sei". Então, a meta é fazê-los aceitar que essa é a questão mais importante nesse estágio de suas vidas. A simples aceitação desse fato e o compromisso de descobrir a resposta muitas vezes têm um efeito positivo no sistema imunológico dos pacientes. Vi pacientes que começaram a reagir melhor e mais eficientemente ao tratamento médico quando aceitaram emocionalmente esse compromisso.

O terapeuta deve possuir uma compreensão nítida das novas questões e precisa transmiti-las repetidamente ao paciente, até que ambos se esforcem em sua busca para encontrar o que está certo com o cliente, não o que está errado.

Isso foi exposto por uma paciente com câncer de mama disseminado, no final da sétima sessão: "O que ouço você dizer é que eu vivi a minha vida como se comprasse minhas roupas em uma loja. Elas me assentavam bem, mas eram do tamanho padrão. E que, se eu quiser dar um exemplo ao meu sistema imunológico, preciso começar a viver minha vida como se minhas roupas fossem feitas especialmente para mim por um grande nome da alta-costura — roupas e uma vida criadas especificamente para mim, não para alguém com aproximadamente o meu tamanho que deseja se adaptar a todas as outras pessoas e vestir o que estiver na moda no momento. Que, se eu realmente me empenhar nisso, será como se meu sistema imunológico percebesse e dissesse: 'Oh, vale a pena lutar por essa pessoa. Por que você não disse isto antes?'. Preciso dar um exemplo para meu corpo, cuidando de mim e cultivando aquilo que *eu* sou, não apenas me adaptando a qualquer coisa que esteja à venda nas prateleiras de roupas da vida''.

Depois de adverti-la de que não existem garantias de que a teoria iria conseguir reverter o desenvolvimento do câncer, mas que, de qualquer maneira, o resultado justificava o esforço, concordei com sua metáfora.

O que estamos fazendo aqui é mudar a definição básica de psicoterapia. No passado, ela foi um processo de eliminação de determinados sofrimentos e deficiências do paciente, de redução de sintomas. A definição que estamos usando aqui é essencialmente a da psiquiatra Karen Horney: "Um processo em que a singularidade, a individualidade, a própria neurose, é removida do rosto do paciente, onde age como uma venda, e transferida para a parte de trás do pescoço, onde age como um motor de popa!''.

Nessa abordagem, a procura pela patologia e suas raízes é secundária. Fundamental é a busca daquilo que seria uma vida cheia de prazer e entusiasmo para *essa* pessoa.

Certamente a patologia deve ser explorada e examinada. Mas ela é *considerada no contexto*, como o processo que bloqueia a percepção e a expressão da canção particular para o indivíduo cantar em sua vida, como a causa da perda de contato com o entusiasmo e a alegria. Isso estabelece uma visão inteiramente diferente, e o processo terapêutico tem uma qualidade diferente, apresentando resultados diferentes.

Esse tipo de terapia depende do "encontro" real, do contato real entre terapeuta e cliente. O terapeuta deve, além do mais, *interessar-se* intensamente e acreditar na importância de estar envolvido no processo especial de desenvolvimento pelo qual seu cliente está atravessando. Através de sua crença, o terapeuta procura conduzir o paciente a libertar-se dos seus medos e ansiedades com respeito ao "sucesso" e às opiniões dos outros e, finalmente, preocupar-se com seu único e autêntico desenvolvimento.

Com certeza existem alguns indivíduos que podem iniciar essa exploração sem o auxílio de um psicoterapeuta. Mencionando uma antiga analogia, digo que, se você estiver atravessando uma cordilheira, é melhor ter um guia experiente que conheça a área e já tenha estado lá anteriormente. Algumas pessoas a atravessam sozinhas, ou em grupos, com a ajuda de mapas (na forma de livros como este, técnicas, como meditações especialmente adaptadas, e assim por diante). Entretanto, muitos de nós precisamos de um bom guia.

"Agora veja", podemos dizer a um paciente, "vamos imaginar que Deus seja um existencialista! Um dia, um anjo vem visitar você. Ele diz que eles aprenderam há muito tempo que precisam planejar um céu individual para cada pessoa que está para chegar. Em seu caso, não existe uma pressa especial, mas os computadores celestiais estão avariados e eles estão tentando se adiantar mais do que o normal. Assim, estão pedindo a cada pessoa para que crie seu próprio céu. Como você planejaria um modo de vida que lhe proporcionasse satisfação por um longo período? Uma vida na qual você irá se relacionar, criar, dar, receber, expressar-se da maneira certa para você, a maneira para a qual você foi criado e planejado?"

Obviamente esse tipo de colocação, em especial, seria usado com pessoas de determinada formação intelectual. Contudo, a abordagem geral não é tão condicionada. Utilizei-a, como mostram as histórias contidas neste livro, com indivíduos pertencentes a uma ampla variedade de males sócio-econômicos e culturais, com igual sucesso.

"Ou, então, vamos supor", podemos dizer, "que de repente você descobre que a reencarnação existe e que, além disso, você pode escolher, *agora*, como e onde poderá reencarnar. A escolha é sua e você pode dirigir sua vida futura a partir deste momento. Fale sobre sua escolha. Você está determinando uma vida inteira; portanto, certifique-se que irá apreciá-la."

Ou: "Vamos olhar sua vida como se fosse um romance, do qual você seria o autor. Agora o editor o avisa que deseja publicar uma segunda edição. Um fato curioso e incomum a respeito dessa editora específica é que você precisa vivenciar tudo o que escrever. Eles dizem que isso mantém os leitores atentos! Você e eu vamos reescrevê-lo. Primeiro, quais as coisas que você deseja modificar para a segunda edição? Depois falaremos sobre as coisas que você deseja que permaneçam como estão".

Ou talvez algo do tipo: "Vamos, nós dois, fazer de conta que você realmente se preocupa consigo mesmo. Que você é seu próprio amigo, se conhece *muito bem* e se ama. E que você — enquanto amigo — tem o poder de se dar um presente: organizar um ano para você, que seria o melhor presente que poderia desejar; que lhe proporcionaria o melhor ano possível. Diga-me como seria este ano".

Ou ainda: "Quando você olha para sua vida, quais foram os melhores momentos? Quais os momentos, dos quais você se lembra, que lhe trouxeram as maiores alegrias?". Após explorá-los, o terapeuta continua ajudando o paciente a descobrir o que esses momentos tinham em comum, e quais os temas da história da vida desse indivíduo que eles festejaram e expandiram. Então, a exploração continua verificando como seria essa vida, como poderia ser organizada, permitindo que existissem tantos desses momentos quantos possíveis.

Nessa linha de trabalho, coloca-se tanta ênfase nos bons momentos da vida do paciente quanto nos maus momentos. O que ele gostou mais? Quais suas matérias preferidas no curso secundário ou na faculdade? Busca-se um contraste entre os melhores e os piores momentos para que ambos, ao serem compreendidos, indiquem sua relação com a personalidade *dessa pessoa*. A partir daí, continua-se a criar a compreensão do tipo de vida que mais tornaria essa pessoa realizada.

Muito do sucesso desse método se baseia na capacidade do terapeuta de não perder de vista suas metas e manter o processo dirigido a elas. A participação dos pacientes é vital — eles também precisam ter consciência dessas metas.

Durante os últimos doze anos, recebi inúmeras cartas e telefonemas contendo a seguinte pergunta: "Tenho câncer e li seu livro *You Can Fight for Your Life*. Quero trabalhar com um terapeuta que tenha esse ponto de vista, pois sinto que ele definitivamente se aplica a mim. Como posso encontrar um terapeuta que irá trabalhar comigo, utilizando o seu método? Moro em uma pequena cidade do Missouri (ou Dakota, ou França, ou Nova Zelândia)".

Geralmente, respondia mais ou menos assim: "Procure os terapeutas experientes e sensatos que atuam em sua região. Informe-se na associação médica e na associação psicológica local. Admitindo que sejam pessoas treinadas, comece um plano de ação, como, digamos, sair para fazer compras. Consulte um de cada vez, até que encontre aquele que lhe agrade mais. Alguém com quem simpatize a ponto de querer tê-lo como amigo. Talvez precise consultar muitos deles. Este é o primeiro elemento essencial. Sem a simpatia mútua, você pode conseguir resultados, mas levará dez vezes mais tempo e será dez vezes mais difícil.

"Quando encontrar alguém de quem goste, dê-lhe um exemplar do livro. Pergunte se ele pode trabalhar com você, respeitando essa técnica, ou seja, descobrir o que está bem com você, não o que está errado. O terapeuta estaria disposto a fazer um acordo com você?

Então, quando *você* se desviar da trilha, ele o lembrará de que você está fora do caminho. E quando *ele* voltar ao antigo método, você o lembrará."

Geralmente, termino dizendo que ficarei feliz em discutir problemas específicos com ambos, seja em uma reunião, seja por telefone, se eles desejarem. Muitas pessoas para as quais escrevi dessa forma mais tarde me disseram que o processo terapêutico foi muito gratificante. Houve alguns telefonemas e uma ou outra supervisão ocasional de minha parte. Atualmente, acredito que existam muitos terapeutas que compreendem este método, de modo que nem as cartas nem a supervisão serão mais necessárias.

Quando se apresenta este conceito e este conjunto de metas para pessoas com câncer, suas reações negativas muitas vezes enquadram-se em uma ou mais, de três categorias:

1. "Se eu encontrasse minha própria música, ela seria tão dissonante que eu não gostaria dela e ninguém mais poderia suportá-la. Minha maneira própria e "natural" de ser é desagradável e repugnante, e aprendi há muito tempo a não manifestá-la, se quisesse ter *quaisquer* relacionamentos ou viver comigo mesmo."

2. "Se eu descobrisse minha própria canção e tentasse cantá-la, descobriria que não há lugar neste mundo para alguém como eu." (Aqui, a principal variação é "Eu não poderia me sustentar se estivesse vivendo a canção certa para mim".) "E seria tão doloroso conhecê-la e não ser capaz de cantá-la, que prefiro não conhecê-la."

3. "Minha própria canção conteria tantas contradições que seria impossível cantá-la." (Como disse um paciente: "Eu realmente gostaria de ser um eremita e viver num harém!".)

Em essência, os pacientes estão dizendo que, se encontrassem sua própria música, ela seria ou muito desagradável para ser admissível para eles mesmos ou para os outros, ou impossível de ser tocada nesta sociedade, ou, ainda, impossível devido à sua própria natureza contraditória.

Com mais de 25 anos de prática nessa abordagem, observei essas reações inúmeras vezes. Contudo, *jamais* encontrei uma única pessoa que, depois de encontrar sua própria canção e estilo, ainda se sentisse a mesma. Com todas as pessoas com quem trabalhei, sua própria canção era admissível para elas e para os outros, era totalmente possível de ser tocada nesta cultura (e ganhar a vida com ela, quando necessário), e intensificou seus relacionamentos, tornando-os mais satisfatórios. Além disso, em todos os casos a canção era socialmente positiva e aceitável. *Jamais encontrei uma exceção.* As seguintes histórias, de casos verdadeiros, irão servir de exemplo ao que estou afirmando. (Naturalmente, todos os que expressaram objeções tendem a acreditar que elas se aplicam apenas ao seu caso.)

Qualquer que fosse a música especial *dessa* pessoa, à primeira vista, após um exame mais profundo ela era positiva, possível e socialmente aceitável. Pedro foi um exemplo disso.

Encontrei Pedro pela primeira vez em 1960, durante minha visita de rotina ao hospital. Ele era espanhol, elegante e atraente, aparentando dezenove ou vinte anos. Todos os dias, ele nos cumprimentava educadamente e respondia calmamente às perguntas, enquanto tentava deixar perfeitamente claro que absolutamente não respeitava, nem tinha expectativas em relação a nós, brancos de meia-idade, pertencentes à classe média. Fiquei fascinado pela maneira como ele manifestava sua atitude. Esse homem tinha classe! Resolvi verificar se poderia romper a óbvia barreira entre nós e trabalhar com ele. Um dia, durante as visitas, perguntei-lhe se poderia voltar mais tarde naquele dia e conversar um pouco com ele. Respondeu com perfeita cortesia: "É o seu hospital. Tenho certeza de que você pode fazer como quiser". Às quatro horas da tarde, voltei para vê-lo.

Pedro e eu conversamos diversas vezes por semana, durante alguns meses, e começamos a nos conhecer e a gostar um do outro. Gradativamente, comecei a perceber como fora sua vida.

Ele havia crescido no Bronx, um bairro que abrigava uma mistura de negros e hispânicos. Sua mãe tivera três filhos; seu marido, o pai do primeiro filho, a abandonara; o pai ou pais dos outros dois filhos eram desconhecidos para Pedro. A mãe, doce e amorosa, era tão ocupada e trabalhava tantas horas tentando sustentar os filhos, que não tivera tempo para educá-los.

Aos nove anos, Pedro juntou-se a uma das gangues de jovens da vizinhança: era uma medida necessária para um rapaz que crescia naquela área. Na gangue ele ganhou merecida fama. Sentia que aquele era o lugar ao qual pertencia. Como ele mesmo disse, "eles... eram *do meu jeito*". Rapidamente, subiu na hierarquia da turma e aos dezesseis anos alcançara a posição mais elevada dentro da hierarquia — a posição de "comandante", ou ditador, durante a época em que a gangue estava envolvida em brigas com outra gangue.

Logo depois aconteceu aquilo que ocorre a esse pessoal. Alguns dos "irmãos" foram presos, outros morreram nas ruas, alguns foram recrutados pelo exército, outros se mudaram, alguns se casaram e deixaram a gangue. Pedro ficou sozinho nas ruas. Durante algum tempo, circulou pelos mesmos lugares e até se envolveu em certas atividades ilegais, mas a vida perdera a graça. Ofereceram-lhe um lugar em um dos grupos criminosos de adultos que possuía seus quartéis-generais na área, mas ele recusou. "Era como se eu estivesse num beco sem saída. Não me sentia bem com aquela gente." Aproximadamente um ano após a dissolução total do grupo, ele contraiu a doença de Hodgkin, e, após outros seis meses, acabou no hospital em que eu trabalhava.

Naquela época, essa doença era fatal. O Instituto de Hodgkin, em Nova York, não tinha um único caso com sobrevivência de cinco anos. Desde essa época, naturalmente, houve uma tremenda mudança. Devido aos avanços na quimioterapia, uma pessoa com Hodgkin tem 85 por cento de chances de uma remissão prolongada da doença.

Lá estava um indivíduo que tivera uma maneira "ideal" (do ponto de vista de sua personalidade) de viver, relacionar-se, ser, criar. Agora, tudo estava acabado. Minha crença era — e ainda é — que nesta cultura há espaço para que cada ser humano expresse sua maneira natural de ser, e que essas maneiras também poderiam: (1) ser socialmente positivas e (2) melhorar os relacionamentos humanos de forma mais adequada para o indivíduo. Se jamais existiu alguém que parecia estar testando os últimos segmentos dessa teoria, essa pessoa era Pedro!

Uma vez, perguntei-lhe se poderia me contar o que achara de tão atraente, tão certo, a respeito da vida com a gangue. Ele me explicou: "Veja, havia aquele grupo de homens, e eles *se preocupavam* uns com os outros. Por mais que discutíssemos e brigássemos entre nós, você sempre sabia que podia contar com seus irmãos. Eles estavam lá quando você precisava deles e você estava lá quando eles precisavam de você". Pedro continuou descrevendo o ritmo de vida da turma. Havia longos períodos em que os membros do grupo apenas se relaxavam, vadiavam, fumavam, se vangloriavam de suas proezas e ocasionalmente iniciavam longas discussões sobre esportes. Então havia os períodos de intensa excitação e perigo, quando cada homem dependia dos outros para sua segurança e sobrevivência.

Continuei imaginando que tipo de trabalho socialmente positivo possuía um modo de vida semelhante. À medida que falávamos sobre isso, tornou-se claro, para nós dois, que o que ele descrevera era parecido com a vida de um bombeiro. Quando discutimos o assunto, ele ficou muito interessado e excitado a respeito desse tipo de profissão. Foi a primeira vez que ele demonstrou um ligeiro interesse por qualquer tipo de trabalho. Começamos a fazer planos. A primeira coisa que descobrimos quando solicitamos informações foi que era necessário um diploma do curso secundário. Pedro deixara a escola extra-oficialmente na oitava série, e oficialmente, dois anos depois. No hospital, ele pediu cursos por correspondência, para que pudesse tirar um diploma equivalente. E começou a se dedicar aos estudos.

Mais ou menos nesta época, ele começou a reagir positivamente ao tratamento de quimioterapia experimental — um tratamento ao qual não havia reagido anteriormente e que era mantido apenas porque não havia mais nada disponível, e este, pelo menos, não provocava efeitos colaterais negativos. Dois anos depois, esse tratamento foi abandonado por não mais ser eficaz. Ele deixou o hospital e continuou como paciente de ambulatório. Prosseguimos com nossos encontros regulares.

A seguir, havia o problema do currículo. Ele não poderia mencionar em sua solicitação de emprego que havia sido chefe de uma gangue de rua, e que contraíra a doença de Hodgkin! Consegui algumas recomendações com amigos, e ele arranjou um emprego no depósito de uma pequena companhia. Trabalhava muito, e todos gostavam dele. Depois de alguns meses, adquiriu a confiança do chefe de seu departamento e conseguiu dele uma carta de recomendação, afirmando que ele trabalhava na companhia havia alguns anos. Escrevemos um currículo para o tempo restante.

Nessa ocasião, o radiologista do hospital participava de nosso plano. Pedro ainda recebia medicação e fazia raios X todos os meses. Depois de fazer os raios X, o radiologista nos chamou, pendurou a radiografia na tela de exame e disse: "Você está vendo esta minúscula mancha no esterno? É tudo o que sobrou da doença de Hodgkin, e, a não ser que se saiba exatamente o que se está procurando, certamente alguém jamais a perceberá. Eles *nunca* a identificarão. Vá fazer os exames físicos". Pedro foi fazê-los, foi aprovado e seis meses depois foi nomeado bombeiro.

Isso aconteceu há mais de vinte anos. Pedro deixou toda a medicação há uns dezoito anos. O câncer nunca reapareceu. Ele se casou e teve filhos. Ama seu trabalho e sua vida.

Durante algum tempo, ele costumava aparecer ocasionalmente no consultório. Sempre inesperadamente. (Nunca consegui convencê-lo a marcar hora!) Eu mudava minha agenda sempre que podia e conversávamos e tomávamos café ou cerveja. De vez em quando, se eu estivesse pelas redondezas, aparecia no posto do corpo de bombeiros para visitá-lo. Então, perdemos contato.

Quinze anos depois Pedro voltou a me procurar. Disse que estava com um problema. Disseram-lhe que se ele se submetesse a um exame para ser tenente, com certeza seria aprovado e nomeado. Sua

55

mulher, os filhos e os colegas queriam que ele prestasse o exame. Contudo, isso significava um estilo de vida totalmente diferente. Ele ficaria muito mais afastado do grupo de homens, fazendo serviços burocráticos e coisas assim. Sentia que não era o que queria fazer. Não desejava arriscar seu modo de vida; seu corpo somatizara conflitos bem demais, para ele aceitar riscos. Ambos compreendemos que, no futuro, certamente mudaria e desejaria seguir um caminho diferente deste, que agora escolhera como o certo. Pensamos muito e encontramos um meio de ele não fazer o exame, sem se prejudicar e ainda ser capaz de solicitar o emprego no futuro, se assim o desejasse. Então, conversamos sobre sua vida durante os últimos quinze anos. Ele sentia-se feliz no trabalho e em casa, e obviamente era um homem competente e confiável. Nós nos despedimos com afeto, e espero ter notícias de que algum dia ele se tornou tenente.

O sonho de Pedro não somente era aceitável para ele, e muito gratificante, como também era possível, mesmo que a princípio pudesse parecer improvável realizá-lo em nossa sociedade. Literalmente a pessoa podia ter esse sonho *e* ganhar sua vida com ele. Harold é um bom exemplo disso.

Harold tinha 62 anos e estava com um câncer no sistema linfático. Ele tinha curso secundário e, durante toda a sua vida, trabalhara como vendedor em lojas de roupas. Nunca se casara, mas tinha alguns relacionamentos longos e moderadamente intensos com mulheres. Gostava de ler, particularmente sobre viagens e histórias de aventuras. Suas férias geralmente as passava na praia, tomando sol, nadando e olhando o mar.

Enquanto explorávamos o assunto, parecia não haver dúvidas quanto ao seu sonho. Ele queria ser médico. Este foi seu sonho desde jovem, mas teve que começar a trabalhar muito cedo e não pôde cursar a universidade, quanto mais uma faculdade de medicina.

Aparentemente, esse sonho parecia impossível de ser realizado. Se existiu um sonho que testou minha crença de que sempre há uma maneira para cada pessoa viver da maneira natural e "certa" para ela, dentro da nossa sociedade, este era o sonho.

Atualmente Harold trabalha em tempo integral e adora seu emprego. Seus supervisores consideram-no muito esforçado e algumas vezes tentam persuadi-lo de que trabalhar das nove às cinco é suficiente e que ele realmente não precisa chegar às oito ou ficar até as seis.

Enquanto trabalhava com Harold, começamos a verificar o que teria significado para ele o fato de ser médico. Como seria, em sua opinião, a vida de um médico? Qual sua estrutura básica? Para Harold, ser médico significava que as pessoas iriam procurá-lo, trazendo seus problemas. Algumas vezes, elas não saberiam com certeza quais eram os problemas, apenas saberiam que precisavam de alguma coisa ou que algo estava errado. Ele teria os recursos e o treinamento que o tornariam capaz de ajudá-las a definir e resolver os problemas. Perguntei-lhe sobre relacionamentos curtos e longos. Ele gostaria de trabalhar com as mesmas pessoas durante um período ou ter um fluxo constante de novas pessoas? Ele preferia a última opção. Em outras palavras, se tivesse sido médico, teria sido um especialista em salas de emergência e não um médico da família, um interno ou um pediatra.

Quando você sai da auto-estrada que acompanha a costa do Atlântico, em determinado ponto, próximo a uma das cidades balneárias, existe uma placa que diz "Informações para turistas. Por aqui". Harold trabalha na cabina de informações. Há algum tempo eu o visitei. Enquanto estava sentado na cabina, surgiu um carro com uma família e o motorista foi até a cabina e disse: "Você pode me dizer onde podemos encontrar um motel, perto da praia, para passar uma semana?". Harold começou a fazer perguntas. O que eles gostavam de fazer nas férias? As crianças tinham idade para brincar sozinhas na praia ou precisavam de atenção constante? Em poucos minutos o resto da família estava na cabina e, guiados pelas hábeis perguntas de Harold, estavam definindo juntos, pela primeira vez, exatamente o que queriam. Gostariam de um motel onde as crianças pudessem ir diretamente para uma praia, que tivesse um salva-vidas, sem que precisassem atravessar uma rua. Só assim, os pais poderiam dormir até mais tarde. Além disso, gostariam que houvesse uma lanchonete próxima, onde as crianças pudessem almoçar. Apreciavam música e também preferiam um lugar onde os pais pudessem ir à noite para dançar. Seria bom se um dos quartos tivesse *kitchenette*, e assim por diante. Ao final de meia hora haviam escolhido o lugar ideal, e Harold deu um telefonema reservando-lhes as acomodações. Raramente vi uma pessoa fazendo tão adequadamente o trabalho para o qual foi destinado, nem alguém tão satisfeito com o seu emprego.

É comum as pessoas alegarem não ter condições de mudar sua vida para uma direção positiva. Justificam-se dizendo que estão muito doentes ou que estão profundamente comprometidas com pessoas que dependem delas, ou que a sociedade jamais aceitará suas mudanças. Nunca trabalhei com ninguém cujas mudanças e crescimento positivos, mudanças que trariam uma diferença fundamental em suas experiências individuais de vida, fossem impossíveis.

Também nunca trabalhei com alguém que não tivesse uma canção particular para cantar, uma música completamente individual para tocar que, quando encontrada, não possuísse as seguintes características: era prazerosa para a pessoa, socialmente positiva e melhorava seus relacionamentos. De todos os pacientes que atendi, a que testou essas características com maior intensidade foi Minnie.

Minnie nasceu na Europa Oriental no final do século passado. Naquele tempo, nas famílias emigrantes, era costume o pai viajar primeiro, deixando a esposa e os filhos, até se estabelecer nos Estados Unidos, quando então providenciava a mudança deles. O pai de Minnie emigrou quando ela estava com nove anos. Havia também três crianças mais novas. Alguns meses depois que o pai partiu, a mãe faleceu subitamente.

Com a ajuda da comunidade local (a *stetl*), Minnie cuidou das crianças mais novas e, quando tinha dez ou onze anos, abandonou o país, seguindo um guia para atravessar ilegalmente a fronteira, através de pântanos, com as crianças amarradas firmemente com uma corda em suas cinturas. O pai as encontrou nos Estados Unidos. Aparentemente ele era um homem fraco e incompetente, que nunca fora capaz de fazer muita coisa para ganhar a vida. A qualidade da vida inicial de Minnie pôde ser avaliada através de sua lembrança, dizendo ao pai: "Papai, as crianças estão com fome". E da resposta dele: "Diga-lhes que mordam a língua. O que poderia haver de melhor do que um sanduíche de língua?".

Minnie cursou a escola durante um ano nesse país e começou a trabalhar em uma fábrica de agulhas. Com pouca ajuda do pai, criou os irmãos mais novos e conseguiu mandá-los para a faculdade. Nessa época o pai morreu e logo depois Minnie se casou — com um homem fraco, inepto, que jamais ganhou o suficiente. Minnie tinha três filhos e continuou a trabalhar quase continuamente em fábricas de roupas. O marido morreu mais ou menos quinze anos depois do casamento e Minnie trabalhou o suficiente para mandar os três filhos para a faculdade. Todos se tornaram profissionais. Durante algum tempo, Minnie acompanhou o mais novo aos lugares onde ele trabalhava e cuidava da sua casa, mas percebeu que ele queria ser independente. Ela mudou-se para um quarto de um hotel em Nova York e passava o tempo olhando pela janela, andando pela Broadway, visitando lojas e ouvindo rádio. Depois de menos de um ano desse tipo de vida, ela desenvolveu um câncer do estômago e acabou no hospital em que eu trabalhava. (Esse hospital era um "tribunal de último recurso", um lugar onde as pessoas ficavam quando a medicina não tinha mais nada a oferecer e onde se submetiam os pacientes a uma nova forma de quimioterapia experimental.)

Todos adoravam Minnie. Ela estava sempre bem-humorada e era muito agradável. Sua cama e a mesa-de-cabeceira estavam sempre limpas e arrumadas. Nenhum paciente era tão fácil de lidar quanto ela. Quando lhe perguntavam como estava se sentindo, ela sempre dava a resposta adequada a um "bom" paciente: "Estou me sentindo melhor hoje".

Conhecendo-a em uma das visitas, também comecei a amá-la. Iniciamos um trabalho juntos. Para mim, ficou claro que ela era uma mulher com muita energia, que havia sido extremamente ativa durante toda a vida. Agora não havia espaço para ela extravasar toda a sua energia. Durante a vida inteira ela cuidara das pessoas; assim, a sugestão óbvia era que ela continuasse a fazê-lo: uma cidade como Nova York necessitava muito de alguém com sua capacidade de doar-se. Os hospitais precisavam de gente que desse amor e cuidados às crianças, as instituições sociais tinham necessidades semelhantes, e assim por diante. Foi a primeira vez (e única) que vi Minnie ficar zangada. Ela já dedicara tempo demais cuidando das pessoas.

Comecei a pesquisar mais. Qual teria sido o sonho perdido? Quando e onde ele se perdera? Qual o talento natural de Minnie, de ser e criar; o talento que, se pudesse encontrar agora, seria a maneira de ela canalizar energia e inteligência, bem como fazer brotar habilidades que jamais se manifestaram? Quanto mais procurávamos, mais claro ficava que não existia nada.

De acordo com minha teoria, todas as pessoas possuem uma maneira natural de ser, de relacionar-se, de criar; quando elas a encontram, estão usando a si mesmos da forma que mais as satisfaz. E toda a minha experiência mostrava que, quando se comprometiam a encontrar e a viver dessa nova maneira, as defesas do corpo intensificavam seu funcionamento e freqüentemente elas começavam a reagir muito mais positivamente ao tratamento médico. Com Minnie, não somente não consegui encontrar nenhum indício dessa outra maneira de ser e criar, como também ela estava lenta e regularmente se enfraquecendo fisicamente.

Para qualquer cientista é evidente que, quando a teoria se choca com a realidade crua, a teoria é que deve ceder. Minha teoria encontrara uma exceção e teria que ser drasticamente modificada, e até completamente abandonada. Continuei a trabalhar com Minnie, pois você não abandona um paciente porque descobre que sua teoria falhou. Eu sabia que ela começara a esperar por nossas sessões e a gostar delas.

Um dia, o Danish Royal Ballet veio à cidade e fez um enorme sucesso. Um amigo conseguiu-me uma entrada para uma apresentação vespertina, no último instante. Telefonei para Minnie e perguntei-lhe se poderia adiar nosso encontro das três horas, até a manhã seguinte. Ela foi mais delicada do que nunca e disse que qualquer hora estava bem para ela e que era muito gentil de minha parte vê-la tão freqüentemente, e coisas assim.

Na manhã seguinte, quando a encontrei, contei-lhe por que havia cancelado nosso encontro. E, então, descobri o segredo de Minnie!

Quando ela tinha treze anos, e depois novamente quando completou quinze, um parente que emigrara para este país antes de seu pai, vendo como aquela menina trabalhava e o fardo que carregava, levou Minnie ao balé em seu aniversário. A primeira vez foram ver *Giselle* e a segunda, *O Lago dos Cisnes*. Estas foram as duas únicas vezes em que ela foi a um balé, mas apaixonou-se por ele desde o primeiro momento. Ainda agora, ela se lembrava dos bailarinos daquelas apresentações, feitas há mais de cinqüenta anos, e como haviam dançado cada movimento. Apenas outra pessoa conhecia seu segredo, pois ela jamais o contara a ninguém, desde criança. Na casa de cômodos em que vivia, havia um homem rico. Ele era tão rico que comprava o *The New York Times* todos os dias! Sempre que havia publicidade ou crítica sobre balé, ele guardava a página para ela. Além disso, sempre que havia outros jornais no depósito de lixo, Minnie procurava neles qualquer coisa relacionada ao balé. Ela me contou que costumava esperar ansiosamente pelas críticas do antigo *New York World*.

Eu me achava nitidamente diante de um tema sério. Tinha uma amiga que me devia um favor. Ela era a principal bailarina do corpo de baile do Metropolitan Opera; telefonei-lhe e pedi que ficasse no hospital uma hora, com uma amiga minha que se interessava por balé.

No dia seguinte Nina apareceu à uma hora, e disse que teria um ensaio às quatro e meia, mas poderia ficar uma hora com Minnie. Eu as apresentei e deixei-as sozinhas. Quando voltei, uma hora depois, estavam conversando tão animadamente que nem sequer me viram. Voltei às três horas, e elas ainda continuavam a conversar, de mãos dadas. Às quatro horas voltei e disse a Nina que sabia que estava atrasada e que havia um táxi esperando lá embaixo. Enquanto a acompanhava até o elevador, Nina me olhou espantada e comentou: "Ela sabe mais do que eu sobre balé!". Voltei ao quarto de Minnie. Ela virou-se para mim e, com um radiante brilho nos olhos, exclamou: "Esta foi a tarde mais maravilhosa de toda a minha vida".

Como se pode imaginar, Minnie e eu conversamos muito sobre essa experiência e sobre seus sentimentos com relação ao balé. Em algum momento de nossa conversa (nunca ficou muito claro para mim quem falou primeiro) surgiu a idéia de que Minnie iria escrever um livro sobre a história do balé na cidade de Nova York. Jamais houve uma conversa sobre *publicar* um livro; ela desejava realmente apenas escrevê-lo.

Fui à biblioteca pública e trouxe todos os livros que encontrei relacionados ao assunto. Furtei do almoxarifado do hospital (e dos escritórios de todos os meus amigos) blocos, canetas e lápis. Minnie começou a trabalhar alegremente.

E, então, a coisa explodiu. De repente, eu estava em apuros. Primeiro, com os parentes dela. Seus filhos investiram contra mim, furiosos. O que eu estava tentando fazer com essa velha senhora ignorante? Quem eu pensava ser? Estaria tentando dar-lhe "esperança"? (Nunca compreendi o significado dessa pergunta, que me foi feita muitas vezes na vida. Nem entendi como e por que a esperança e o empenho no futuro são tantas vezes considerados pecado.) Os filhos procuraram o diretor clínico do hospital e queixaram-se "daquele charlatão que...". O diretor ouviu gravemente e retrucou: "Fico feliz que tenham me comunicado. Há algum tempo, estou de olho nele. Deixem comigo!". Então, imediatamente esqueceu todo o assunto, depois de declarar que, obviamente, eu estava me saindo muito bem.

O segundo grupo com que me meti em apuros foi o das enfermeiras que cuidavam da ala em que Minnie permanecia. Ela não era mais uma "boa" paciente. Sua cama, a mesa-de-cabeceira e o chão sob sua cama estavam atulhados de papel e livros. Quando alguém tentava tirá-los e limpar o lugar, ela gritava como uma vendedora de peixe. Quando traziam as refeições, geralmente estava muito ocupada para comer e engolia a comida pouco antes de a bandeja ser retirada. Quando vinham tirar uma radiografia ou trazer-lhe medicamentos, ela lhes dizia que se encontrava no meio de alguma coisa importante e que eles teriam que voltar mais tarde. Muitas vezes, acordava no meio da noite, acendia a luz e começava a escrever, "porque acabei de pensar numa coisa". Ela não era mais tão docemente agradável nas visitas. Em lugar do "Sim, doutor, estou me sentindo muito melhor hoje", era mais provável que dissesse: "Quando vou estar suficientemente bem para ir para casa? Tenho muito o que fazer lá e quero ir ao Metropolitan Museum verificar a coleção de programas e cartazes. Vamos melhorar essa medicação e me tirar daqui". Todos estavam zangados comigo pelo que eu havia feito a essa adorável senhora*.

---

* Um dos sinais que indicavam o meu êxito com pacientes hospitalizados era a maneira como as enfermeiras se sentiam a meu respeito. Quando pareciam felizes ao me ver, eu sabia que o paciente ainda estava sendo "bom" (na definição dos padrões do hospital) e, portanto, com menos probabilidades de estar melhorando. Quando elas deixavam cla-

Ela começou a ganhar peso. Suas forças estavam aumentando. Isso aconteceu antes do advento da tomografia e de outros procedimentos, e, por isso, era impossível ter muita certeza do que estava acontecendo em seu estômago, mas, pelas indicações, ela apresentava uma reação nova e positiva ao tratamento médico. Ainda necessitava de cuidados hospitalares, mas certamente parecia melhorar. Pouco depois, observando sua melhora física, os filhos puseram mãos à obra e começaram a ir a bibliotecas procurar livros sobre balé. Isso me aliviou de grande parte de meu trabalho.

Junho estava frio naquele ano, bem como julho. No início de agosto tivemos uma onda de calor. Estava terrivelmente quente, e o hospital não dispunha de ar-condicionado. Além disso, a voltagem das instalações era diferente e os aparelhos de ar condicionado disponíveis à venda possuíam outra. (Passei uma tarde inteira na cidade procurando um ar-condicionado adequado, para a ala em que Minnie se encontrava. Achei um que pesava uma tonelada e meia e, quando o levei para lá, o engenheiro do edifício não deixou que fosse instalado, dizendo que o assoalho não agüentaria!) A temperatura média dos andares estava tão elevada durante o dia como à noite. Envolvíamos pacientes com gelo, transferíamos ou dispensávamos todos os que podíamos, mas muitos não tinham nenhum lugar melhor para onde pudéssemos mandá-los. Os pacientes do serviço de câncer morriam como moscas. Na capela mortuária em que o hospital havia se transformado, Minnie também faleceu.

No funeral, o filho mais velho descreveu Minnie como um bordo*. Durante toda a sua vida, disse ele, ela viveu em cores esmaecidas; somente pouco antes de morrer havia resplandecido em tons vermelhos, amarelos e laranja. Todos nos comovemos com isso, mas a coisa mais emocionante para mim foi descobrir, quando voltei ao meu consultório, que um de seus filhos havia prendido em minha porta um ramo de folhas de bordo.

Uma das características mais importantes deste método é a ênfase nas abordagens e soluções individuais. Se os terapeutas encorajarem todas as pessoas com câncer a procurar um estilo de vida parti-

---

ro que se ressentiam com minha chegada, eu sabia que o paciente estava ficando menos preocupado com as opiniões e exigências dos outros e mais preocupado com o crescimento de sua alma. Eu estava fazendo progressos! E o paciente estava lutando por sua vida! Os estudos recentes de Greer e seus colaboradores mostraram com nitidez que, estatisticamente, pacientes "animados" sobrevivem aos diagnósticos de câncer e aos procedimentos médicos muito mais tempo do que os pacientes "condescendentes" ou "apáticos".
* Árvore da família das aceráceas, nativa na América do Norte. Uma vez ferida, dela escorre uma seiva, rica em açúcar, que pode ser extraída. (N.T.)

cular, *então os terapeutas devem ver os pacientes como indivíduos e tratá-los como tal.* Não existe uma maneira certa para se relacionar a um outro ser humano (com exceção do princípio geral de fazer aos outros o que gostaria que lhe fizessem), e cada relacionamento é único. É crucialmente importante que o terapeuta mostre isso através de seu comportamento e abordagem.

De mais a mais, nenhum sistema explicativo é válido para ser aplicado a todos os pacientes. Fui umas das pessoas afortunadas que aprendeu isso logo no início da carreira. Tive um professor excelente em psicologia — Richard Henneman —, que ensinou que não havia uma maneira única de se olhar para os seres humanos, que todos os métodos podem vacilar, e que para se compreender o que significa ser uma pessoa é necessário abordá-la de diversos ângulos. Nas palavras de Wittgenstein, não podemos idear imagens definitivas. Contudo, sempre se pode desenvolver um álbum de esboços de uma paisagem, que ajude a se ter uma melhor visão do panorama. O curso de Henneman sobre os métodos e teorias da psicologia foi solicitado por todas as áreas de psicologia do College of William and Mary, onde estudei. Henneman iniciou o curso ensinando o behaviorismo, como se ele próprio fosse um behaviorista convicto. Com prazer e entusiasmo passamos pelas primeiras seis semanas e, no final, éramos todos behavioristas convictos e dedicados. Então, subitamente, ele mudou de direção, e nas seis semanas seguintes deu aulas como um gestaltista inteiramente convicto. Depois veio um período de psicanálise, um do personalismo de Stern, e assim por diante. No final do ano, *sabíamos* que todos os métodos continham valores e verdades, mas que *nenhum deles possuía direitos exclusivos sobre o assunto* e que nenhum modelo teórico jamais poderia abranger a coisa maravilhosa e complexa que é um ser humano. Aprendemos que, quanto mais ampla fosse nossa visão, quanto mais abordagens teóricas conhecêssemos, mais esboços haveria em nosso álbum que poderiam ser acrescentados ao nosso trabalho como psicólogos.

Anos depois, percebi que a mesma lição se aplicava à psicoterapia: trabalhava-se melhor com diferentes pacientes a partir de diferentes pontos de vista, e nenhuma abordagem terapêutica se adaptava igualmente a todos os que me consultavam. Durante este período, assisti a uma conferência no Westchester Child Guidance Clinic. A oradora era uma psiquiatra infantil chamada Annina Brandt, uma mulher adorável e entusiástica, que na época devia ter uns setenta anos. Ela falou com amor e emoção sobre o que é ser criança, dos seus ensinamentos e súbitas mudanças de humor, da necessidade de ser amada e das percepções sobre as atividades adultas, muitas vezes incompreensíveis para ela. A equipe, que era psicanaliticamente muito ortodoxa, sentia-se cada vez mais constrangida. Finalmente, um membro do grupo a interrompeu. "Dra. Brandt, a qual *escola* a senhora pertence?" Ela pareceu muito desconcertada e hesitou. Finalmente, respondeu: "Mas como posso lhe dizer antes de ver a criança?". Lembro-me das palavras do dr. Joseph Michaels, um psicanalista sábio e experiente, numa reunião com a equipe do hospital. Depois que um paciente foi descrito pelo médico que trabalhava com ele, trazido e entrevistado perante a equipe e solicitado a deixar o local, e os outros médicos expressaram suas opiniões, Michaels, chefe de serviço, anunciou sua decisão, exclamando: "Esse paciente precisa do tratamento Snarib, e quero que ele seja iniciado imediatamente". E saiu da sala. Como ninguém jamais havia ouvido falar desse tratamento, fomos todos para a biblioteca do hospital. Após uma intensa pesquisa, não encontramos nenhuma referência a esse tratamento, nem a um dr. Snarib, ou a qualquer outra coisa referente a ele. Então, o grupo se dirigiu ao consultório do dr. Michaels, e um de nós bateu à sua porta. Ele nos convidou a entrar e explicou: "Eu utilizei este método para que vocês se lembrem desta lição". (E, mesmo depois de quarenta anos, eu ainda me lembro.) "Snarib é uma acrossemia, que quer dizer *Skillful Neglect and Rest in Bed* (Habilidosa Negligência e Repouso na Cama). É isso que *este* paciente precisa. *Ele é um paciente inteiramente típico, pois é único, e aquilo de que necessita é único.* Sempre que você encontrar dois pacientes que necessitem exatamente do mesmo tratamento, lembre-se de que a semelhança está em sua percepção deles, e não nos pacientes. E, se você encontrar dois ou mais pacientes que precisem de tratamento idêntico, é bem provável que esteja percebendo o seu próprio problema, não o deles, e prescrevendo-lhes o que deveria ser prescrito a você."

A partir daí, aprendi, com minha experiência, que existem pacientes freudianos, pacientes junguianos, pacientes existencialistas e de todas as outras variedades. Havia pacientes que, ao final da primeira sessão, já se dirigiam a mim informalmente, chamando-me pelo primeiro nome, e então era "Joe" e "Larry", e existiam pacientes com quem, mesmo três anos depois, o tratamento era formal, na base de "Mr. Jones" e "Dr. LeShan", com um aperto de mãos convencional no início e ao final das sessões. Na verdade, acredito que os psicoterapeutas honestos encaminham a outros colegas pelo menos um terço dos pacientes que os procuram, acreditando que o terapeuta está sendo contratado para ajudar o paciente a encontrar o melhor para ele ou para ela, e o melhor, no caso, seria um terapeuta diferente com uma personalidade diferente.

Como no caso de Carol, descobri que é importante ser flexível quanto à duração da sessão. Para mim, existem alguns limites para a duração da sessão. Mais de duas horas é exaustivo para mim. Entretanto, este tempo é ideal para alguns pacientes. Também conheci pessoas para quem de 25 minutos até meia hora era o melhor tempo para trabalhar. Tenho variado o tempo de duração de cada sessão, entre esses dois limites. Discutir isso com os pacientes no início do processo, e a intervalos ao longo do caminho, contribui para um trabalho melhor, além de reforçar a lição básica da necessidade de as pacientes encontrarem seu próprio ritmo e estilo de vida. Os terapeutas que não são razoavelmente flexíveis e não discutem a duração de cada sessão reforçam a lição oposta: que os pacientes devem se adaptar ao mundo e não o inverso. Em nosso trabalho, com freqüência transmitimos mensagens contraditórias. Quando somos forçados a fazê-lo, é absolutamente necessário que o terapeuta tenha consciência disso e transmita essa consciência ao paciente.

Num recente artigo publicado no *The New York Times*, sobre o Memorial Sloan-Kettering Cancer Center, o autor afirmava que os pesquisadores "ainda estão procurando os agentes que possam ativar o sistema imunológico do corpo contra o câncer"*.

No nível em que a investigação está sendo realizada nesse centro de pesquisa — como as moléculas interagem nos sistemas biológicos —, ninguém conhece as respostas. Mas no nível de ação *humana* — o que deveria fazer o indivíduo com câncer para mobilizar seu sistema imunológico, trazendo-o em auxílio ao tratamento médico — nós *já* conhecemos uma resposta. Infelizmente, não é uma resposta que funciona sempre, mas geralmente tem um efeito positivo sobre o mecanismo de defesa contra o câncer, um aspecto do sistema imunológico. Ela também é uma resposta que muda a qualidade e a cor da vida do indivíduo, conduzindo-a a uma direção positiva, quer o indivíduo esteja ou não com câncer.

O método pretende fazer com que as pessoas tenham controle sobre sua vida, busquem um estilo de vida especialmente adequado para elas e, quando encontrado, trabalhem ativamente para vivê-lo.

Para muitos indivíduos, isso exige uma completa reestruturação daquilo que pensam a respeito de si mesmos. Muitos de nós crescemos orientados a fazer o que *devemos* fazer e não o que gostaríamos de fazer; o que *deveríamos* desejar em nossa vida e não o que realmente desejamos. Nossas ações geralmente se baseiam no "de-

---

* "Dr. Mark's Crusade". *The New York Times Magazine*, 26 de abril de 1987, p. 27.

veríamos" e não na questão "daquilo que me realizaria — que *estilo* de ser, relacionar-me, criar traria mais prazer à minha vida?". Esta é a vida, esta vida e nossa busca por ela, é o que mobiliza o sistema imunológico contra o câncer mais do que qualquer outra coisa que conhecemos atualmente.

O prazer e o entusiasmo não precisam ser manifestados com espalhafato e exuberância. Nós os sentimos ao viver da maneira para a qual fomos criados, e não ao viver de acordo com qualquer modelo especial. Um dos homens mais entusiasmados que já conheci levava uma vida muito calma. Era tesoureiro de um hospital particular e amava sua vida e a ordem tranqüila, solitária, que ela lhe proporcionava. A época em que se sentia mais feliz era no fim de um ano fiscal, quando os registros do hospital apresentavam uma diferença de cerca de 17 *cents*, dentro de um orçamento multimilionário. Hank chegava todas as manhãs, vestido de terno, camisa branca e gravata. Entrava no escritório, tirava o paletó e passava o dia examinando os registros do hospital, dia após dia, transação por transação. Ao meio-dia, saía para comer um sanduíche e tomar café. Durante esse período, sua secretária atendia a maior parte dos telefonemas, passando-lhe somente os mais importantes. No final do dia, saía do escritório tranqüilo e relaxado, calmo e sorridente, entrava no carro e dirigia 50 milhas até sua casa, para jantar com a esposa; então, passava uma hora ouvindo rádio e outra estudando idiomas antigos. Duas tardes por semana trabalhava como administrador voluntário numa organização ecológica. Levantava-se cedo, erguia pesos durante uma hora e dirigia até o hospital. Nos finais de semana cuidava do jardim, fazia longas caminhadas e dedicava-se ao estudo de idiomas antigos. (Quando o conheci, era perito em latim, grego e italiano medieval, e estudava inglês da Idade Média.) Tal estilo de vida teria enlouquecido muitos de nós (inclusive eu) em pouco tempo, mas assentava-lhe como uma luva. Ele havia planejado sua vida para que ela se adaptasse à sua estrutura e necessidades especiais. Ele a vivia tranqüila e completamente, com grande prazer e entusiasmo, que não eram manifestados exteriormente, porém, vivenciados.

O conceito de direcionar nossa vida a partir das necessidades de nossa estrutura individual, e não a partir daquilo que acreditamos ter obrigação de ser e fazer, é tão estranho a muitos de nós que muitas vezes os terapeutas precisam começar devagar a treinar novamente a si mesmos e a seus pacientes, para que pensem e ajam dessa maneira. O que estamos realmente dizendo, como terapeutas, é: "Não se preocupe com aquilo que o mundo deseja de você. Preocupe-se com aquilo que o faz sentir-se vivo, pois o que o mundo *precisa* é de pessoas mais vivas". Não obstante, com freqüência precisamos transmitir essa mensagem através das formas mais variadas.

"Agora", podemos dizer a um paciente, "você tem um dia por semana em que está livre da necessidade de ganhar a vida ou trabalhar. Quero que *planeje* esse dia antecipadamente. Planeje-o bem. O objetivo é proporcionar a si próprio o dia mais memorável, o *melhor* dia possível. Planeje esse dia e *siga* seu plano."

Se isso for psicologicamente impossível para a pessoa, a resistência a essa idéia deve ser analisada pelo antigo método de terapia. Qual a afirmação inconsciente que torna isso impossível? (Se os terapeutas não puderem fazê-lo sozinhos, é hora de discutir e analisar o problema com seu supervisor, mudar os papéis, tornar-se paciente novamente, enquanto analisam seus próprios bloqueios neuróticos nessa área. Dizer a alguém "Faça o que eu digo, não o que eu faço" é um procedimento inútil.

As ansiedades criadas por esse procedimento e a resistência a ele são analisadas, mas sempre no *contexto* de que fazem parte das forças bloqueadoras que impedem as pessoas de viverem uma vida plena.

Ou podemos dizer algo assim: "Seu programa atual lhe oferece duas tardes livres por semana. No momento, elas estão sendo desperdiçadas. Não lhe proporcionam prazer, aprendizado ou descanso. Vamos, imaginariamente, voltar cinco anos atrás. O que você *gostaria* de ter feito com essas tardes? Insisto que pense nessa questão, encontre a resposta e coloque-a em prática. Esta é a sua tarefa, e espero que você a aceite durante os próximos meses". Novamente, o fato de ser isto tão difícil para tantos indivíduos é pesquisado, pois oferece pistas para descobrirmos por que nos afastamos tanto do melhor estilo de vida para nós.

Com freqüência, o conceito básico é tão estranho que precisamos começar ainda mais devagar. "Insisto", podemos dizer, "que pare de fazer o que está habituado a fazer dezenas de vezes por dia. Apenas pare e faça a si mesmo uma pergunta: 'Como me sinto a respeito do que estou fazendo neste exato momento?' Pergunte seriamente, *ouça* a resposta interior, e então faça imediatamente seja lá o que for. Isso ocasionará dois efeitos: o de ensiná-lo algumas coisas sobre si mesmo e o de *reeducá-lo* para começar a aceitar esse fato como um assunto sério.

Algumas vezes, as pessoas sentirão que o estilo de vida especial e correto para elas exige uma estreita relação com outro ser humano. Sem o *outro*, sem a sra. ou sr. "Apropriados", sentem que não

67

podem atuar completamente. Como não existe o outro, de que acreditam necessitar, e não foram capazes de encontrá-lo, o trabalho parece inútil; as metas, inacessíveis.

Muitas vezes, lidei com esse problema, desta maneira: "Em meu trabalho, muitas pessoas me perguntam: 'Como encontrar a outra pessoa que eu necessito? O papel de solteiro simplesmente não funciona para mim'. Geralmente, o que elas querem é uma *técnica* que as ajude a encontrar a pessoa de seus sonhos — que eu deveria saber *onde*, ou *qual* trabalho voluntário ou *qual* o grupo que tivesse os mesmos interesses.

"Ocasionalmente essas técnicas dão certo, e mesmo que não dessem, a maioria das pessoas continua seguindo-as até obterem sucesso (de vez em quando) ou desistirem. Entretanto, há outra abordagem que proporciona resultados bem melhores. Com mais freqüência, ela o coloca em contato com outra pessoa, que serve para você, e, mesmo quando isso não acontece, ela resolve o problema.

"Essa outra abordagem não consiste na procura de alguém, mas em torná-lo uma pessoa tão interessante que os outros venham à sua procura. Ela exige que se olhe ao redor e se aborde o problema a partir de um ângulo completamente diverso. Você indaga: 'O que posso fazer para tornar minha vida tão interessante *para mim* que os outros desejem compartilhá-la? Como posso me tornar uma companhia tão fascinante para *mim mesmo* que os outros não somente desejem ficar perto de mim, mas eu esteja me divertindo tanto que não me importe se eles me procuram ou não? (Afinal, todos sabemos que lhe ofereceram empregos quando você não precisava deles!) Como posso crescer e cultivar a mim mesmo para que aprecie tanto a minha vida, goste tanto de mim mesmo, que os outros desejarão partilhar desse prazer, e, mesmo que não desejem, eu ainda esteja fazendo coisas tão interessantes que não me preocupe com isso? Neste processo, como posso ser cada vez mais *eu mesmo* para que aqueles que realmente gostassem de mim, se chegassem a me conhecer, pudessem reconhecer-me e, então, sentirem-se atraídos por mim? Como posso me tornar um indivíduo interessante, único e *autêntico*, para que os outros possam me reconhecer e corresponder às minhas expectativas?'.

"O 'autêntico' é importante. Do contrário, o processo não funcionará bem. As pessoas que você atrair logo irão descobrir que você não é sincero e está longe de ser aquilo que aparenta parecer. As relações construídas sobre falsas premissas logo terminam. Platão tinha uma orientação básica de vida, que ainda hoje pode ser aplicada: 'Seja aquilo que você deseja parecer'."

Os terapeutas nunca devem prometer, implícita ou explicitamente, que quanto mais as pessoas forem elas mesmas — quanto mais reagirem em função daquilo que realmente são e não em função dos "deveríamos" sociais — tornar-se-ão mais populares diante das outras pessoas. Ser autêntico *não* fará com que todos gostem delas; pelo contrário, fará com que algumas pessoas se sintam atraídas e afastará outras. As primeiras são aquelas — pessoas de quem geralmente você gosta — que ficarão cada vez mais entusiasmadas e dirão: "Vá em frente, cara, vá!", ou: "Aí, estou gostando de ver, continue!" À medida que elas perceberem cada vez mais quem é você, desejarão ficar mais em sua companhia, e seu relacionamento será mais intenso. Outras, entretanto, terão a reação oposta. Não gostarão do tipo particular de "espinhos" presentes em sua personalidade. E, quanto mais você os mostrar, menos elas gostarão.

"A única maneira de fazer com que todos gostem de você é sendo tão brando, tão homogêneo, que ninguém poderá encontrar algo para não gostar. Naturalmente, se você fizer isso, ninguém encontrará nada para gostar, também. Ninguém ama ou odeia um mingau levemente açucarado: ele apenas fica lá, parado, sem fazer nada. Quanto mais autêntico você for, mais as pessoas chegarão a extremos em seus sentimentos com relação a você. Isso inclui aqueles que se sentirão atraídos por você."

Franklin Roosevelt (que foi eleito presidente quatro vezes) compreendia isso muito bem. Sua história favorita a respeito de si mesmo era a do homem que todos os dias chegava à estação de trens, ia até a banca de jornais, comprava o *The New York Times*, dava uma olhada na primeira página, colocava o jornal de volta na pilha e ia embora. O vendedor de jornais observou isso durante muito tempo. Um dia, quando o trem estava atrasado, o vendedor chegou perto do homem e perguntou a razão de seu repetido e estranho comportamento. "Ah", disse o homem, "estou apenas interessado nos obituários." "Mas", retrucou o vendedor, "você só olha a primeira página. Os obituários estão na última página." O homem respondeu: "O obituário do filho da puta em quem *eu* estou interessado estará na primeira página!".

Nenhum estilo de vida é aceito por todos. Quanto mais claro e determinado, mais as pessoas irão a extremos no que se refere a ele e à pessoa que o manifesta. Contudo, quanto mais as pessoas viverem a vida certa para elas, mais a apreciarão e, como regra geral, o tipo de pessoa que as atrai também se sentirá atraída por elas.

Algumas vezes, pacientes com câncer me confidenciaram que gostariam que as coisas voltassem a ser como eram antes do aparecimento da doença. Chamo-lhes a atenção para o fato de que o que as pessoas são depende da interação de dois fatores: a herança genética e a experiência de vida. Um dos aspectos de sua individualidade resultou no surgimento do câncer. A herança genética não pode ser modificada. Se não houver mudanças em nossas vivências interiores e exteriores, teremos novamente a interação entre os dois fatores. Causas similares tendem a produzir resultados similares. Para minimizar as possibilidades de uma recidiva da doença, devemos mudar um dos dois grupos de fatores. Eis uma antiga definição chinesa de loucura: repetir continuamente a mesma coisa e acreditar que um resultado diferente possa ser obtido.

"Podemos dizer a um paciente: 'Uma das coisas mais difíceis é escapar da doutrina estabelecida'. 'O senso comum', que Einstein uma vez definiu como 'aquela coleção de preconceitos que aos dezoito anos você já acumulou', parece muito forte, pois nos fala daquilo que deveríamos desejar e de como lutar para consegui-lo. Ele indica o que deveríamos tentar ser, que tipo de personalidade 'precisamos' ter, e isso é cada vez mais reforçado pelos membros de nosso grupo que, à medida que foram crescendo, assimilaram os mesmos preconceitos que nós.

"Para examinarmos melhor esse critério convencional, talvez seja conveniente investigar aquilo que seus parceiros parecem desejar da vida. Você os conhece bem. Faça uma lista daquilo que eles desejam. Que tipo de vida estarão vivendo enquanto lutam para atingir seus objetivos, e que tipo de vida terão quando os alcançarem?

"Esse é um daqueles exercícios que não funcionam se você o fizer apenas mentalmente. Ele deve ser feito com uma caneta e papel ou uma máquina de escrever. Quando tiver escrito a lista e as descrições, volte a elas com uma pergunta diferente. São esses os objetivos que *você pessoalmente* deseja? Secretamente, apenas entre você e o papel, você realmente deseja cada um deles? Os estilos de vida a que eles conduzem? Você os deseja? Viver essas vidas faria com que você se sentisse feliz ao se levantar pela manhã e contente ao ir para a cama à noite? Sublinhe com uma cor os objetivos que você realmente deseja e com outra aqueles que você não deseja. Observe as cores. O que você aprendeu a respeito de si mesmo? Anote as respostas. Quais são *suas* verdadeiras metas? Qual o *melhor* tipo de vida para você?"

Se o processo de auto-exame e crescimento que estou descrevendo for realizado durante a psicoterapia, o passado pode precisar ser examinado tão profundamente quanto na psicoterapia mais convencional. Entretanto, isso é feito para analisar os bloqueios que impedem o paciente de viver sua verdadeira natureza.

Os indivíduos que trabalham sozinhos não obterão o mesmo nível de *insight*, mas algumas vezes *podem* realizar grandes progressos, estilos de vida podem ser bastante modificados e resultar em efeitos positivos no sistema imunológico. Um grande número de casos curiosos na literatura sobre o câncer comprova esse fato. Muitas vezes esses efeitos foram suficientes para deter ou inverter a direção de crescimento de um grave neoplasma. Crescimento e mudança, como na política, são a arte do possível. Estamos trabalhando em nós mesmos com as ferramentas e materiais disponíveis e adequados. Um importante fator — que, como dizem os filósofos, é "necessário porém não suficiente"* — é o *compromisso* de crescer e mudar. Ele deve estar presente, mesmo diante de todas as nossas ansiedades e medos. Dependendo de outros fatores, inclusive muitos que estão completamente fora do controle da pessoa — como qualidades genéticas, tensões e apoio experimentados na infância, e assim por diante — é possível então se trabalhar eficientemente no sentido de nosso próprio desabrochar. Algumas vezes podemos fazê-lo sozinhos. Outras, é necessária a ajuda de um psicoterapeuta.

Muitas vezes discuti o problema da personalidade predisposta ao câncer com um amigo psiquiatra holandês, o dr. Joost A. M. Meerloo. Ele me ajudara a desenvolver a compreensão do problema. Um dia, em meados de 1950, estava em seu consultório quando a campainha soou. Ele pediu-me que ficasse e apresentou-me à mulher que entrou. Juntos, contaram a seguinte história.

No final de 1940, Ethel o consultara profissionalmente. Ela tinha câncer de mama metastatizado e lhe disseram que não havia mais nada a se fazer. Naturalmente, ela estava amedrontada e abalada e desejava ajuda para descobrir como viver até a morte. Explicou-nos que passou diversas sessões descrevendo a si mesma e suas experiências, contando como durante toda a vida desejou viajar de navio e conhecer o mundo, mas as circunstâncias jamais permitiram concretizar o sonho. Ethel sempre sentiu que a vida no mar teria sido ideal para ela, e comentou, rindo, que numa vida anterior provavelmente fora marinheiro.

As melhores lembranças de sua vida se referiam ao período antes do casamento e aos primeiros dez anos seguintes, quando trabalhou como vendedora em uma loja de roupas para mulheres em Chicago. Ela adorava o trabalho. Mas, mesmo assim, sempre lia livros sobre viagens e sonhava com navios, cruzeiros e lugares distantes. Então, vieram os filhos e os anos maravilhosos como mãe e esposa. Mas suas recordações dos tempos antigos eram as mais ricas que possuía.

---

* Isto é, ele é essencial, mas podem ser necessários outros fatores.

Meerloo, então, referiu-se ao fato de que seu marido havia morrido, os filhos moravam do outro lado do continente e não precisavam dela (um assunto que discutiram muito) e não havia nada que a impedisse, nenhuma obrigação nem as necessidades de outras pessoas, que precisassem ser consideradas. Ela não sentia dores. Por que não viajava *agora*? Ela disse: "Mas eu estou doente. O que poderia acontecer num navio?".

Meerloo respondeu: "Com a sua doença, o que poderia lhe acontecer na água que não pudesse acontecer em terra?".

Naquela época o *Queen Mary* estava fazendo cruzeiros longos, ao redor do mundo. Ethel pegou todo o seu dinheiro (seus oncologistas lhe disseram que tinha dois meses de vida, na melhor das hipóteses) e investiu-o em uma cabina de primeira classe. Quatro meses depois ela irrompeu no consultório de Meerloo e repreendeu-o, dizendo: "Agora eu gastei todo o meu dinheiro, estou sem um tostão e ainda estou viva!".

Meerloo retrucou: "Você teria preferido...?", e ambos caíram na gargalhada. Conversaram um pouco sobre os sentimentos dela, de como se sentira à vontade no navio e como viver no mar lhe parecera natural e *certo*. Meerloo tinha amigos na Holland-American Steamship Line que lhe conseguiram um emprego de vendedora numa butique em um dos navios. Desde essa época, há uns oito anos, quando o navio ancorava, ela muitas vezes telefonava para Meerloo e o visitava. Ela amava sua vida e sentia-se completamente feliz. O câncer não mostrava sinais de crescimento desde a metade da primeira viagem que fizera e, segundo disse, havia diminuído para metade do tamanho original nos anos seguintes. Ela não tomara mais medicamento. Todos os anos Ethel enviava a Meerloo (e a seu oncologista) um cartão de Natal, e após a morte de Meerloo, alguns anos depois, enviou-me cartões durante alguns anos. Não sei o que lhe aconteceu depois disso.

3

O CÂNCER E A FAMÍLIA

Harriet e Walter conheceram-se na faculdade, onde ela estudava musicologia e composição, e ele, pintura. Apaixonaram-se e depois de um mês nenhum deles duvidava de que se casariam. Ao final do curso eles se casaram e tiveram o primeiro filho um ano após a formatura. Ambos desejavam uma família e decidiram que Harriet daria aulas de piano e ensinaria música nas escolas locais enquanto Walter trabalharia para tornar-se pintor. Dez anos depois tinham três filhos, e ele vendia suas pinturas regularmente para algumas pequenas galerias em Tucson, Phoenix e Albuquerque. Naquela época, ela desenvolveu um linfoma que se espalhou rapidamente e, a despeito de todos os esforços, atingiu diversas regiões do corpo.

Quando conversei com Harriet pela primeira vez, tudo em suas vidas parecia bom e satisfatório e não encontrei indícios de fatores psicológicos. Ela continuava afirmando que o trabalho e os filhos eram importantes, assim como o maravilhoso relacionamento que tinha com o marido. Logo, porém, começaram a surgir discrepâncias e indícios. Ela fora muito bem-sucedida como professora, tinha uma agenda lotada de alunos particulares e não podia aceitar novos alunos devido à falta de tempo. Duas escolas de bairros diferentes, ambas vizinhas daquela na qual ensinava, haviam-lhe pedido para dar aulas. Ela tinha composto algumas músicas para o grupo local de música de câmara e eles constantemente lhe pediam mais e se ofereciam para mandar suas partituras para orquestras mais importantes ou gravar fitas para que as enviassem, mas ela "estava muito ocupada e nunca o fazia". Quando lhe perguntei como era possível que estivesse tão ocupada que nem tempo para *eles* enviarem as partituras tinha, ela pareceu-me confusa, e, então, perguntou-me, irritada: "Como *você* pode ter idéia do que significa criar três filhos e sustentar a família ao mesmo tempo?".

Na verdade, ela ficou muito zangada comigo depois que fiz essa pergunta. Continuei sugerindo que guardasse sua raiva durante o tempo necessário para responder à seguinte pergunta: "Por que tomaria mais seu tempo e energia dizer ao grupo de música de câmara para ir em frente e enviar as partituras do que dizer-lhes que não o fizessem?".

Depois de me encarar durante alguns momentos, ficou pensativa e deu a resposta que conhecia havia muito tempo e jamais discutira com ninguém. Havia mais de cinco anos, tinha consciência de que seu talento era excelente, e "Walter é um sujeito maravilhoso e eu o amo mais do que a qualquer outra coisa, mas como pintor é rigorosamente medíocre. Sempre ganhou o suficiente para comprar tintas, pincéis e telas e nada mais. Porém, a pintura é tão importante para ele, que continuará pintando e apreciando seu trabalho, enquanto viver. E eu *jamais* irei privá-lo disso".

Ela estava determinada a ocultar seu próprio talento. Harriet sentia que, se seu talento fosse reconhecido e o de Walter, não, isso o destruiria, e "certamente acabaria com nosso casamento. Ele não poderia viver com alguém que tivesse sucesso, e ele, não. Haveria constantemente algo a relembrá-lo desse fato".

Quando contei a Harriet a definição de câncer do poeta Auden, como "um fogo criativo derrotado", ela sorriu melancolicamente. Eu não sabia como fazê-la avaliar a situação. E talvez ela estivesse certa. Após sua morte, o grupo de música de câmara reuniu todas as suas partituras, copiou-as e estava preparado para enviá-las a diversas orquestras importantes. O marido disse que gostaria de fazer isso ele mesmo, e eles lhe devolveram todo o material. Nove anos depois, soube que as partituras ainda não haviam sido enviadas.

Nós que atuamos em áreas de apoio estamos atualmente bem conscientes de que uma criatura não vive sozinha, sem ser influenciada pelas circunstâncias e pessoas do presente; ao contrário, vive em um contexto real e dinâmico, geralmente o da família ou de outro grupo com quem se relaciona intensamente. Graças a Deus, os dias em que os psicoterapeutas ignoraram esse fato terminaram há muito tempo. Sabemos que uma quantidade muito limitada de tempo e energia é dedicada à terapia, comparado ao tempo e energia gastos na interação com outras pessoas importantes. Portanto, depois de se diagnosticar um câncer em uma pessoa, é primordial que a família rapidamente se torne, tanto quanto possível, uma força positiva para o crescimento interior do paciente.

No futuro, uma ou mais das novas formas de terapia familiar podem provar sua aplicabilidade na área do câncer. Como não sou habilitado nem possuo experiência em nenhuma dessas modalidades, não posso apresentar qualquer conclusão sobre elas. Contudo, posso descrever minha própria experiência, na tentativa de ampliar a área de estímulo positivo ao crescimento do paciente, incluindo a família no processo.

Sempre tentei fazer com que o "outro" mais importante para o paciente se tornasse um aliado nesse trabalho. Geralmente fico a sós com a pessoa, explico minha abordagem e o que estou tentando fazer e por que, respondo a todas as perguntas e então tento conquistar sua colaboração. Entre outras coisas, costumo dizer algo assim:

"Neste momento, estamos numa situação de emergência. Joe é aquele que precisa crescer e mudar o mais rapidamente possível. Ele é que está na berlinda. Mas, se desejam que o casamento continue, provavelmente *ambos* terão que mudar. É bastante destrutivo para uma relação quando um dos parceiros cresce e o outro, não. *Primeiro será a vez de Joe, depois a sua.* Durante o primeiro período, uma das coisas que você deve fazer é começar a pensar como *você* deseja crescer e mudar. O que mais deseja de si mesma e qual a melhor maneira de trabalhar nessa direção. Você deve pensar seriamente nisso agora; assim, quando chegar sua vez, você estará pronta para a ação".

Naturalmente, algumas vezes os parceiros podem trabalhar ativa e simultaneamente para sua transformação. Certamente, assim é muito melhor, quando possível. Na pior das hipóteses, acaba proporcionando encontros agradáveis e estimulantes.

Em geral, o casal aceita rapidamente o conceito do companheiro (ou outra pessoa significativa) como um aliado para auxiliar a pessoa com câncer a encontrar seu caminho. Quando o objetivo é o crescimento de *ambos*, o conceito torna-se ainda mais amplamente aceito. Raramente um parceiro não coopera nesse trabalho. Isso costuma ocorrer em casamentos deteriorados, em que ambos já sabem que seu rompimento seria a melhor solução para ambos. Na maioria das vezes, entretanto, as reações foram mais ou menos as seguintes:

"Há anos venho dizendo a Joe que, se ele detesta tanto seu trabalho, deveria deixá-lo e fazer alguma outra coisa. Desistiremos da empregada e eu voltarei a trabalhar. Prefiro ter um marido feliz que não ganha tanto a um marido rico e insatisfeito. Mas ele nunca parece me ouvir quando lhe digo isso".

Enquanto isso, o mesmo Joe citado acima me diz:

"Gostaria de deixar meu trabalho e conseguir uma situação mais real. Mas seria uma luta demorada e muito tempo se passaria antes que eu realmente voltasse a ganhar dinheiro. Mary cresceu tendo todas as coisas boas da vida e precisa delas. Eu não poderia tirar-lhe isso".

Ou, em uma situação semelhante, Jane, que tem câncer, diz algo como:

"Eu adoraria voltar a trabalhar. Sempre detestei ser apenas dona-de-casa. São sempre as mesmas tarefas e nada muda realmente. Mas Tom gosta de uma casa limpa e o jantar na mesa quando volta do trabalho. Essas coisas são importantes para ele e é meu dever providenciá-las".

Ao mesmo tempo, Tom diz:

"Se Jane realmente deseja voltar a trabalhar — tudo bem! Seria uma vida nova e interessante para nós dois. Podemos comer refeições congeladas — atualmente são muito boas — e demoram apenas vinte minutos para ficar prontas. Eu farei minha parte nas compras. Prefiro ter uma esposa que gosta de sua vida e tem histórias interessantes para contar a uma casa limpa que precisa ser arrumada todos os dias".

Sempre que possível, é aconselhável que o companheiro também esteja fazendo psicoterapia. O psicoterapeuta do companheiro deveria ser alguém *que compreende e simpatiza* com o tipo e modelo de terapia que a pessoa com câncer está fazendo. Pode ser muito destrutivo para o casamento se os dois parceiros estiverem fazendo terapias com filosofias basicamente diferentes. É claro que, quando ambos fazem terapia, os dois psicoterapeutas deveriam se comunicar com freqüência, com o conhecimento e consentimento dos pacientes.

Um aspecto da família que *precisa* ser considerado quando se trabalha com pessoas com câncer são os filhos. Se existe uma generalização que podemos fazer a respeito de crianças — uma afirmação que é quase universalmente válida — é que elas geralmente interpretam acontecimentos importantes na família como provocados por algo que fizeram ou por alguma coisa que eles são. Além disso, as crianças ainda acreditam que os adultos são livres para decidir suas ações e seus destinos: afinal, eles podem ficar acordados até tarde e comer o que bem entenderem! Portanto, se um dos pais fica doente ou morre, isso é considerado, em parte, como resultado de seus sentimentos a respeito delas, crianças. A afirmação fundamental, encontrada em níveis conscientes, ou quase conscientes na maior parte das crianças que perderam um dos pais, é "se eu tivesse sido um menino melhor, mamãe me amaria o suficiente e nunca teria me deixado". A partir daí, considerar a morte de um dos pais como *culpa* da criança é um passo pequeno e quase inexorável.

A universalidade dessa crença e de sua importância para o desenvolvimento futuro da criança não pode ser subestimada. Ela *deve* ser levada em consideração. Nesses casos, um tostão de prevenção vale muitos cruzeiros de cura. Devemos lidar com isso, o mais cedo possível, no estágio inicial da doença. Os livros relacionados na nota abaixo* devem estar no consultório de todo oncologista e de cada terapeuta que trabalha com pessoas com câncer. O primeiro deles, pelo menos, deve ser lido por todos os pais com câncer ou por seu cônjuge.

Mesmo quando as crianças negam essas crenças, ainda assim o trabalho preventivo deve ser realizado. Uma das mulheres com quem trabalhei tinha câncer disseminado e tivera uma perna amputada. Eu a visitava em sua casa, entre três e cinco horas da tarde. Antes das três não havia ninguém em casa e para ela era difícil atender à porta usando muletas. Depois das cinco, diversos membros da família já estavam em casa, o que tornava difícil trabalhar com tranqüilidade. Entretanto, das três às cinco, o filho de oito anos já voltara da escola. Ele atendia à campainha e me escoltava até o quarto da mãe. Após a sessão, eu ia até o seu quarto, chamava-o e ele me acompanhava até a porta.

A mãe estava muito mal e piorava lentamente. Para ela, era impossível conversar com o menino a esse respeito. O pai tentara diversas vezes, e sempre ficava a ponto de chorar, não conseguindo prosseguir. Ninguém parecia capaz ou disposto a fazê-lo. Assim, um dia, quando o menino me levou até o quarto da mãe, perguntei-lhe se, depois da sessão, poderíamos conversar um pouco. Ele respondeu: "Sim, e eu lhe mostrarei meus trens". Após aprovar devidamente os trens, comecei a lhe falar sobre como as crianças se sentem quando a mãe está tão doente quanto a sua; como culpam a si mesmas, e assim por diante. Ele me ouviu e então comentou que essas crianças eram muito bobas, ele jamais se sentiria assim. Disse-lhe que eu compreendia que *ele* não se sentia dessa maneira, mas que

---
* E. LeShan, *When a Parent Is Very Sick* (Boston, Little Brown, 1986); e, E. LeShan, *Learning to Say Goodbye When a Parent Dies* (Nova York, The Macmillan Co., 1976).

muitas crianças... Durante algum tempo conversamos seguindo essa linha. Então eu lhe disse que precisava ir e sugeri que na próxima visita conversássemos novamente. Ele respondeu: "Ah, sim, e você pode me falar mais sobre aquelas crianças bobas e como elas se sentem!".

Quando possível, o trabalho com crianças é realizado por um dos pais, um parente, a orientadora da escola, o padre, ou o médico. Algumas vezes, contudo, nenhum deles está disposto ou é capaz de levar avante essa tarefa. Então, é a vez de um psicoterapeuta. Em geral, esse trabalho precisa continuar após a morte do pai ou da mãe. Conheci crianças que retornaram a mim adultas, quinze ou vinte anos depois, desejando conhecer e conversar sobre o pai que morrera.

Uma vez iniciada a relação psicoterapêutica — não é preciso dizer, espero —, o terapeuta *não deve* encerrar as sessões com o paciente ou os sobreviventes, enquanto essas forem necessárias. O câncer com freqüência esgota os recursos financeiros da família, e o fato de não poderem mais pagar não é razão para se encerrar o trabalho. Após muitos anos, assistindo pacientes e suas famílias, que trabalharam comigo como parte do programa do hospital ou da clínica, sem nenhuma despesa extra, posso dizer com certeza que a antiga máxima de que o paciente precisa pagar para que possa se beneficiar com a psicoterapia é completamente sem sentido. Geralmente, o pagamento é necessário ao interesse do terapeuta. Ele não é necessário ao interesse do paciente.

A psicoterapia costuma ser realizada em um consultório profissional. Contudo, no trabalho com pessoas com câncer, freqüentemente isso não é possível, e, assim, visitamos os pacientes em suas casas ou em hospitais. Sob essas condições, um aspecto curioso, pouco discutido na psicoterapia, torna-se importante.

Há algo muito especial no consultório de um psicoterapeuta. Tudo o que é dito ou vivenciado é confidencial. A sala adquire um pouco da qualidade de um "círculo mágico". Nele, as pessoas podem explorar sentimentos e, então, conseguir o controle sobre aquilo que é expresso fora do consultório. Os indivíduos podem observar e vivenciar sentimentos na relativa segurança das quatro paredes e adquirir o controle para *medir* e criticar o quanto quiserem sua expressão no mundo exterior.

Em outros locais, a situação é diferente. Não existe aquela qualidade do círculo mágico no espaço em que os pacientes lutam para se libertarem a si mesmos. Assim, a exploração é mais difícil e lenta.

Uma solução muito útil consiste em delimitar a sessão em termos de tempo e não de espaço — usar um tipo de *ritual* rápido, imperceptível, no início e no final de cada sessão, diferenciando-a, no tempo, do restante do dia. Muitas vezes, o ritual pode ser algo tão simples quanto sentar-se na mesma cadeira todas as vezes, colocar uma agenda, bolsa ou pasta no mesmo lugar, e começar o trabalho nesse momento. O final também é ritualizado da mesma maneira. No caso das práticas de meditação, a situação é a mesma, exceto que o ritual geralmente é realizado pela própria pessoa. Uma meditação "centralizadora" (veja o capítulo 9) no início e no final de cada sessão pode servir como um marco de separação. Em ambas as abordagens, é importante que o mesmo ritual seja regularmente efetuado, e, se possível, sem exceções.

As pessoas que trabalham sem o apoio da psicoterapia ou de um programa regular de meditação devem seguir um procedimento semelhante. Pelo menos uma vez ao dia devem dedicar um período de tempo para si mesmas. Aqui, a afirmação básica é: "Este tempo é meu. Aqui, as exigências ou necessidades de outras pessoas não são urgentes. Durante este período, tentarei entrar em contato com aquilo que *Eu* preciso, com quem *Eu sou*, e com aquilo que eu desejo de *minha* vida". O tempo deve ser diferenciado por um ritual de início e fim, bem definido.

Trabalhar com alguém em um quarto de hospital apresenta suas dificuldades peculiares. A não ser que a pessoa esteja em um quarto particular, a privacidade pode se tornar um problema real. Algumas vezes isso pode ser resolvido com uma boa dose de criatividade e talvez através de um bom relacionamento com a equipe de enfermagem, que pode indicar um canto tranqüilo onde se possa levar uma cadeira de rodas. Contudo, algumas vezes até isso é impossível. Realizei longas sessões de terapia falando aos sussurros, para que a pessoa que ocupava a cama vizinha não ouvisse através das cortinas fechadas. É um esforço e tanto, mas pode ser feito!

Soluções totalmente especiais podem ser criadas. Marthe iniciou a terapia em meu consultório, na clínica para pacientes de ambulatório em que eu trabalhava. Após um ano, ela decidiu que não concordava com a abordagem da clínica e nos deixou para continuar a terapia em um centro de tratamento mais tradicional. Ela desejava continuar a psicoterapia comigo, mas não queria ir à clínica, pois se sentia desconfortável ao encontrar a equipe que trabalhava lá. Ela dirigia, mas só podia se locomover em cadeira de rodas. Morava muito longe para que eu a visitasse com freqüência. Assim, encontrávamo-nos duas vezes por semana às onze horas, no estacionamento do Metropolitan Museum of Art. Marthe estacionava o carro e, com minha ajuda, sentava-se na cadeira de rodas. Então, ficávamos esperando que a adorável lanchonete com mesas ao redor do chafariz abrisse as portas. (Ai de mim! Ela não existe mais.) Assim que as portas se abriam, íamos para nossa mesa especial, que escolhêramos porque tinha privacidade e oferecia boa visão do chafariz. Eu me dirigia ao balcão de *self-service* e trazia as bandejas para a mesa. Almoçávamos, terminávamos nosso café (que servia como nosso ritual de início) e, então, passávamos à sessão de terapia. No final, eu pedia ao garçom que retirasse as bandejas (o ritual de encerramento) e, depois, eu empurrava a cadeira de rodas e íamos visitar nossas galerias de arte favoritas durante meia hora. Para ambos, essa era uma boa maneira de trabalhar, além de possuir a vantagem adicional de fazer com que nos sentíssemos revigorados pelas pinturas.

Era uma abordagem única que se adequava à situação e às nossas personalidades. Esta última característica é importante. Se não fosse adequada para nós, teria sido um procedimento inviável. Como diz a história, Freud pode ter tido sucesso no tratamento de Mahler enquanto ambos andavam a cavalo. Aparentemente, isso era adequado às suas personalidades. Definitivamente, ela não teria sido boa para Marthe ou para mim.

Em uma família, o *stress* provocado pelo câncer pode criar uma comunicação muito mais plena e profunda entre seus membros e, em outra, ter o efeito oposto. É uma importante tarefa para os familiares observarem cuidadosamente o efeito que o diagnóstico e a doença tiveram sobre sua capacidade de comunicação. Nos casos em que a comunicação não se intensificou, eles devem fazer esforços conscientes para aprofundá-la e se certificarem de que está aberta às questões cruciais. Com freqüência, a palavra-chave é *respeito*. Os membros da família precisam respeitar-se mutuamente. Muitas vezes, protegemos alguém da verdade porque *não* respeitamos sua força e sua capacidade para lidar com a verdade. Tratar outros membros adultos da família como se fossem crianças não aumenta sua capacidade, ou a da família, para lidar com uma crise.

Se os membros da família não conseguem manter abertas as linhas de comunicação, essa tarefa pode ser designada aos amigos mais próximos ou a profissionais. Felizmente, hoje em dia, não é tão comum o médico esconder a verdade de um diagnóstico do paciente. Algumas vezes, entretanto, o diagnóstico não é ocultado, mas, sim, atenuado. Recentemente, conheci um homem que se submetera a uma cirurgia exploratória. O diagnóstico foi tumor maligno, e isso foi comunicado à sua esposa. Era necessário retirar a uretra, um rim e parte da bexiga. Contudo, para o homem, disseram que era um tumor benigno e que eles desejavam retirar esses órgãos como medida preventiva. A esposa conversou com seu médico, que checou com o oncologista e confirmou o diagnóstico. Ela então contou a verdade ao marido para que ele pudesse decidir o tratamento, baseado numa informação precisa. Quando conversei com ele no dia seguinte, mostrou-se calado e determinado. Contou-me que fora oficial da marinha mercante durante muitos anos e uma das coisas que aprendera a acreditar era que é muito mais perigoso desconhecer a situação do que conhecê-la, por pior que fosse. "Eu realmente nunca tenho medo de nada que eu conheça. Posso decidir o que fazer e fazê-lo da melhor maneira. O que me assusta são as coisas que não compreendo. Aí não sei como agir ou o que fazer." Era um homem forte e podia enfrentar as coisas, se lhe oferecessem o máximo possível de informações.

Entretanto, naquela tarde, quando conversamos com seu médico, este negou o que a esposa havia dito, respondendo que era "apenas um tumor que estamos retirando para que não tenhamos mais nenhum problema nessa área". O homem ficou louco da vida com sua mulher, por ela tê-lo assustado tanto. Os filhos também a repreenderam, furiosos. Afinal, o orientador religioso do homem, após discutir com o oncologista, precisou conversar com o paciente, sua esposa e filhos, ao mesmo tempo, e esclarecer toda a história. O paciente, então, começou a adquirir o controle da situação, fazendo uma consulta com outro cirurgião, perguntando sobre possíveis programas alternativos de quimioterapia e radiação e as estatísticas de cada um. Finalmente, decidiu por um programa de quimioterapia e submeteu-se a ele. Até agora, os efeitos parecem ter sido positivos e o câncer não é mais visível nas tomografias computadorizadas.

Ao lidarem com a família, os psicoterapeutas e outros profissionais devem ter em mente que existem dois tipos diferentes de negação. O tipo saudável é análogo à maneira como o corpo trata de um simples ferimento superficial. Até que o processo de cura esteja bem adiantado, o corpo forma uma crosta sobre a ferida para protegê-la. Este é um procedimento positivo, e quando ocorre a cura, a crosta cai. Muitas vezes, após receber um diagnóstico, a pessoa está confusa devido ao choque e não se encontra pronta para lidar com ele. A negação pode ser a saudável crosta protetora formada sobre o ferimento.

O segundo tipo de negação persiste durante um longo período e enfraquece o relacionamento pessoal do paciente (e, conseqüentemente, seus recursos para lidar com o problema) e impede que assuma uma atitude responsável. Este é o tipo prejudicial de negação.

A negação pode ser consciente (geralmente adotada para proteger outra pessoa) ou inconsciente, quando a pessoa realmente acredita nela. Em ambos os casos, uma negação é aceita sem contestação, a não ser que haja uma boa razão para isso. Ninguém tem o direito de atacar as defesas da pessoa sob essas condições, a menos que elas estejam interferindo seriamente em sua vida ou na sua capacidade de lidar com a doença.

Um senhor me disse: "Este é um bom hospital. Não é como aquele em que eu estava". Quando lhe perguntei a respeito das diferenças, ele respondeu: "No outro, eles disseram que eu tinha câncer. Aqui, estão tratando da minha artrite e eu estou ficando melhor". Obviamente, neste caso aceitei a negação sem discutir, como no caso do cirurgião que era paciente do serviço de oncologia do hospital no qual operara durante muitos anos. Ele fora submetido a uma cirurgia e depois à radiação e me falou da "artrite disseminada" que estava lhe causando tanta dor e sofrimento. A mensagem foi clara e não havia razão para discordar de seu diagnóstico.

A situação torna-se diferente quando a negação é mantida em benefício de outros e/ou quando ela interfere no acesso da pessoa à sua própria fonte de forças ou capacidade para lidar com os problemas que afligem sua vida no momento. Lembro-me de uma tarde, igual a tantas outras, durante os anos em que trabalhei no departamento de câncer do Trafalgar Hospital de Nova York. Na cama, havia um homem de 67 anos com um grave câncer do cólon. Próximo à cama, estava sua esposa de 41 anos, segurando sua mão. Ambos falavam da "obstrução dos intestinos", que estava sendo tratada, segundo disseram, com radiação. Os dois conheciam o diagnóstico (como vim a descobrir conversando em particular com cada um deles), mas o negavam publicamente. Ela, por sugestão do médico, e ele, pegando a dica que ela lhe dera e a sugestão do médico de negar, para "poupar" o outro. As duas pessoas formavam um casal exemplar, e durante muitos anos haviam se apoiado e ajudado mutuamente. Como não podiam falar sobre a coisa mais importante daquele quarto e do mundo, e não podiam comentar muito sobre qualquer outra coisa porque não sabiam até onde a conversa os levaria (afinal, falar das férias do ano passado poderia levá-los a abordar as férias futuras, e assim por diante), eles logo ficaram reduzidos a discutir apenas o trivial: o tempo, programas de televisão, notícias esportivas. Podiam conversar apenas sobre coisas sem nenhuma importância. Fisicamente estavam juntos, amando-se e apoiando um ao outro, embora separados por uma parede invisível de enganos, medo e dor, que se estendia de parede a parede e do chão ao teto. Sua principal fonte de vigor fora eliminada, assim como a mútua capacidade para lidar realisticamente com os problemas.

Como não havia ninguém disponível para fazer o que era preciso, entrei no quarto e disse mais ou menos isto: "Vamos ser honestos um com o outro. Vocês se amam e precisam um do outro e estão afastados por tentarem proteger a pessoa que mais amam. Essa proteção realmente tem o efeito oposto; os dois estão enfraquecidos, mais sozinhos e assustados. Sabemos que se trata de câncer e estamos todos com medo. Ninguém está abandonando as esperanças. Existem os equipamentos e as terapias que estão sendo utilizados agora, e se eles falharem, pois só os utilizamos porque há uma boa chance de funcionarem e esperamos que funcionem, há outras técnicas disponíveis e muitas sendo criadas todos os dias. Mas é uma situação *assustadora*, e vocês dois lidam melhor com as coisas quando trabalham juntos do que quando estão sozinhos. Estarei lá fora se precisarem de mim".

Então, saí do quarto e esperei no corredor (minha camisa estava ensopada devido à *minha* compaixão e ansiedade causadas pela forma como eu estava lidando com essa crise profundamente humana e comovente), porque sabia que depois de algum tempo sozinhos, partilhando as coisas pelas quais estavam passando, eles precisariam de mim para responder a perguntas ou para encontrar as respostas, eles mesmos.

Muitas pessoas, submetidas a um profundo *stress* ou sob o peso de uma fatalidade, são mais bem-sucedidas quando se comunicam real e autenticamente com aqueles que amam. Se essa comunicação for ineficiente ou cessar, é tarefa daquelas mais intensamente envolvidas — paciente, companheiro, pessoas significativas, profissional — fazer o possível para restaurar e fortalecer as relações. Muitas pessoas podem lidar melhor com a tensão, a dor e a confusão de um diagnóstico de câncer quando trabalham e choram juntas do que quando estão sozinhas.

4

COMO SOBREVIVER NO HOSPITAL

Conversas ouvidas por acaso, no corredor de um hospital:

PRIMEIRA MULHER: O médico disse que ela deveria tomar remédios regularmente.
SEGUNDA MULHER: Médicos, e eles lá se importam com alguma coisa?

VISITANTE: O que você acha das pessoas deste hospital?
PACIENTE: Aqui não existem pessoas. Só médicos, enfermeiras e pacientes.

Estes dois incidentes verdadeiros possuem, em suas implicações, um estranho fundo de verdade. Quando você entra num hospital, está ingressando num mundo novo. Se compreender isso, saberá como se comportar e como obter o máximo possível de benefícios em sua estada. Você também saberá como evitar as armadilhas e perigos específicos para um paciente hospitalar.

Primeiro, você precisa compreender o que *é* um hospital. É uma organização, em última análise, dirigida por administradores, que vende determinados testes, remédios e procedimentos relacionados à doença. É formado por profissionais que ingressaram nessa área geralmente incentivados pelo melhor dos motivos. Receberam educação médica e estão em um sistema médico orientado a considerar o paciente não como uma pessoa, mas como uma máquina avariada. Trabalham num ambiente que reforça essa orientação ao isolar os pacientes, separando-os por doença ou disfunção. Como a equipe permanece no hospital e os pacientes entram e saem, ela finalmente começa cada vez mais a considerar os procedimentos hospitalares como alguma coisa que deve ter sido planejada para seu próprio conforto e conveniência, e não dos pacientes. Os pacientes com dor, angústia e medo constantemente a pressionam a se comportar de maneira onisciente e onipotente. Pouco a pouco, todos começam a agir como se pudessem desempenhar esses papéis, e treinam os colegas mais jovens a agirem dessa forma. Logo, começam a acreditar que esses são os papéis adequados e ficam contrariados ao serem desafiados.

Muitos médicos são tão orientados a lutar contra a doença e ignorar a pessoa doente que, em doenças graves, muitas vezes parecem estar perguntando a si mesmos: "Quantas medidas heróicas e operações mutiladoras podem ser impostas ao paciente (ou à companhia de seguros) antes que a morte — o método final da resistência do usuário — possa interferir?".

Eles definem como um *bom* paciente aquele que aceita suas declarações e ações sem críticas ou questionamentos. Um *mau* paciente é aquele que faz perguntas para as quais não há respostas, levantam problemas que os fazem se sentir constrangidos e não aceita os procedimentos do hospital como necessariamente sábios, úteis ou inteligentes. Há uma tremenda pressão sobre a equipe para que considere corretas as regras da instituição, e errado o paciente que não concorda com elas. A despeito de todas essas pressões, uma assustadora minoria da equipe, na maior parte dos hospitais, realmente se preocupa com os pacientes e considera-os como indivíduos. Contudo, a grande maioria sucumbe, em maior ou menor grau, às pressões, voltando-se à instituição e não ao paciente.

O elevado custo dos cuidados médicos surge em grande parte devido aos mesmos tipos de serviços oferecidos por hospitais vizinhos, o que é resultado da competição por prestígio (e lucros). Se o cuidado com o paciente fosse a principal preocupação, seria fácil para os administradores de hospitais próximos chegar a um acordo a respeito das especializações a que cada instituição poderá se dedicar. Como equipamento e habilidades específicos estão se tornando cada vez mais caros, esse tipo de acordo economizaria muito dinheiro. Contudo, realisticamente, pedir aos hospitais para fazê-lo seria mais ou menos o equivalente a pedir à Ford e à General Motors para entrarem em acordo sobre qual delas deverá fabricar carros pequenos e qual fabricará caminhonetes.

Mesmo para o médico ou enfermeira mais dedicados, é muito difícil manter uma orientação de ajuda, trabalhando em uma instituição voltada à obtenção de lucros. Logo, fica claro para todos os funcionários que o produto de sua organização são testes e procedimentos médicos, não o cuidado com o paciente. A atitude de "o cuidado com o paciente vem em primeiro lugar" é difícil de manter quando todo o hospital tem uma atitude inteiramente diferente. O que surpreende nos modernos hospitais é que existam tantas pessoas preocupadas trabalhando neles, e que o cuidado com os pacientes na verdade seja tão bom quanto é!

Se você reconhecer que os hospitais são empresas que vendem um produto e que são uma parte (com as companhias de seguro e empresas farmacêuticas) de uma das maiores e mais lucrativas indústrias do país, não se surpreenderá com alguns dos incidentes de total "descuido" que provavelmente irá encontrar durante qualquer estada razoavelmente longa em um hospital. Em algumas semanas, eu vi pessoalmente o seguinte:

1. Um paciente pós-cirúrgico foi levado de volta ao seu quarto, mas a campainha de sua cama não foi ligada. Ele era o único paciente da enfermaria. Ninguém mais entrou no quarto nas seis horas seguintes. Em parte desse tempo, ele sentiu muitas dores e esteve sem condições de pedir ajuda.

2. Um paciente incapaz de se movimentar sem auxílio foi deixado sobre uma comadre, por duas horas e meia. Ninguém respondeu à sua campainha e os músculos de suas costas ficaram extremamente doloridos. Finalmente, outro paciente que passava pelo corredor ouviu seu choro e foi procurar uma enfermeira no final do corredor, convencendo uma ajudante de enfermagem de que ela precisava minorar a agonia do paciente.

3. Uma paciente que havia retornado de uma importante cirurgia abdominal dois dias antes acabara de ter a sonda retirada depois de eliminar uma grande quantidade de urina. Uma hora depois, sentia terríveis dores, com os músculos com espasmos ameaçando romper a incisão. A paciente queixou-se que precisava eliminar mais urina. Durante mais de uma hora, três diferentes enfermeiras lhe disseram que estava histérica; deram-lhe tranqüilizantes e disseram-lhe que estava sendo inconveniente e que havia outros pacientes que *realmente* sentiam dores e precisavam da atenção das enfermeiras. De repente, em meio às suas súplicas, ficou evidente que ela estava molhando a cama. As enfermeiras olharam para os lençóis molhados e decidi-

ram colocar novamente a sonda. Quando ela foi colocada, a mulher eliminou 700 centímetros cúbicos de urina (é uma grande quantidade). Nenhuma das enfermeiras se desculpou ou demonstrou perceber que estava sendo rude com a paciente.

Poderia mencionar muitos outros incidentes dessa natureza que eu mesmo testemunhei, mas aqueles que citei dão uma idéia do que pode acontecer durante a permanência em um hospital. Eu poderia acrescentar que esses três incidentes aconteceram a pacientes inteligentes, de classe média, em hospitais com reputação internacional. Devido a incidentes como esses, bem como outros erros mais sérios que podem surtir efeitos a longo prazo, você precisa saber como se defender em um hospital.

No mesmo período em que testemunhei esses acontecimentos infelizes, vi um número bem maior de exemplos de comportamento carinhoso, protetor e em defesa da vida.

Quando você entra num hospital para realizar um tratamento ou uma série de procedimentos, imediatamente está sujeito à rotina, cujo efeito é privá-lo de todos os sinais e símbolos de sua condição autônoma de adulto e transformá-lo em uma pessoa infantil, passiva e dependente que não questionará nem se oporá àqueles que têm autoridade. Você não pode mais decidir o que irá vestir ou comer, nem ir a qualquer lugar sozinho (muitas vezes nem mesmo ao banheiro). Estranhos terão total autoridade sobre sua vida e destino, ordenarão que se levante, que vá dormir, que se vire para ser examinado ou lavado, e geralmente agem como se você fosse uma criança não muito inteligente e eles, os adultos.

Os pacientes de um hospital precisam seguir passivamente uma rotina que não conseguem compreender, devido à linguagem estranha e esotérica adotada, e à atitude que demonstra que eles simplesmente não possuem o treinamento ou conhecimento para entender o que está acontecendo. Rapidamente o deixam ciente de que um "bom paciente" se comporta como uma criança boazinha e obediente, que faz o que lhe mandam, jamais faz perguntas difíceis e concorda que tudo está bem, uma vez que os adultos estão no comando (independentemente da verdadeira situação).

Uma amiga, que admiro muito, foi hospitalizada após sofrer um ataque cardíaco. Quando se encontrava na Unidade de Terapia Intensiva, havia uma máquina que monitorava seu coração. De repente, a máquina parou de funcionar. Uma enfermeira entrou galopando no quarto e estava prestes a efetuar diversas condutas dramáticas para que o coração de minha amiga voltasse a bater, quando a doente observou rispidamente que estava sentada na cama, tomando um pouco de suco de laranja, e que estava bem viva. A enfermeira gritou: "Mas você *não pode* estar viva! Seu coração parou de bater!". Minha amiga sugeriu que o problema talvez fosse com a *máquina*, uma idéia que pareceu ridícula à enfermeira. Pouco depois, um eletricista entrou em cena.

Considero a história de minha amiga uma metáfora real que mostra como é a vida em muitos hospitais hoje em dia. Graças a Deus, existem muitas exceções, mas a era da tecnologia transformou alguns hospitais em lojas de máquinas, onde os sofisticados equipamentos são admirados com reverência, enquanto as pessoas são consideradas um transtorno acidental.

Quando você está desesperadamente doente e percebe que os médicos, equipamentos e os cuidados hospitalares bem podem ser a diferença entre a vida e a morte, com freqüência seu julgamento e senso de identidade ficam prejudicados. Pense em quantos pacientes fracos, doentes e assustados podem ter quase se convencido de que *estavam* mortos quando a máquina deixou de funcionar!

Em seu excelente livro *Coping with the Crises of Your Life*, Edgar Jackson, provavelmente o mais ilustre especialista mundial em crises, descreve muito bem o que acontece quando nos tornamos pacientes de um hospital. Até mesmo um profissional que conhece os procedimentos e rotinas dos hospitais é rápida e habilmente reduzido de um adulto independente a uma criança passiva.

> *Daquele momento em diante, eu não era mais a pessoa que costumava ser. Pelo contrário, era um habitante dócil, obediente, de um mundo de sentimentos indefinidos e compreensão limitada. Meu corpo, mente e espírito estavam entregues nas mãos de meus médicos. Eu era uma criatura totalmente dependente e indefesa, cercada por aqueles que exerciam a autoridade.*

Com freqüência, os médicos defendem o processo de infantilização do paciente, insistindo que ele é necessário para o bom funcionamento do hospital, que é o que os pacientes desejam e, na verdade, é bom para eles. Naturalmente, a infantilização destina-se simplesmente à conveniência e conforto emocional da equipe, não dos pacientes, e é produto da crença básica de que as pessoas doentes são como máquinas avariadas. Elas não funcionam (isto é, não podem atuar como adultos) e, portanto, devem ser consertadas por um mecânico. Naturalmente, a máquina fica sentada, totalmente passiva, enquanto o mecânico faz todo o trabalho. A equipe foi treinada para lidar com doenças, não com pessoas. E é isso que fazem.

Max Parrott, presidente da Associação Médica Americana, escreveu:

Já foi dito muitas vezes que os aspectos técnicos da medicina são fáceis. A parte difícil é lidar com a personalidade do paciente, o chamado fator psicológico ou humano. Isso requer muito tempo, e é mais difícil para a estrutura do médico do que todos os aspectos técnicos da medicina. Ele pode até mesmo provocar sua transferência, se for um médico cujo sistema nervoso autônomo não puder agüentar a pressão.*

Há alguns anos, estabeleci um programa em um hospital para pacientes de permanência prolongada. Uma hora depois da admissão de cada paciente, um voluntário entrava no quarto com um carrinho contendo uma centena de reproduções de pinturas famosas. As reproduções eram profissionalmente montadas sobre cartões, e o paciente era convidado a fazer uma seleção e decorar seu quarto. O voluntário voltava uma vez por semana, para perguntar ao paciente se desejava trocar as gravuras. O programa não custou nada ao hospital, exceto o tempo do voluntário. (As pinturas foram doadas por uma companhia de artes, à qual expliquei o objetivo pretendido.) Contudo, ele foi estabelecido contra a forte oposição da maior parte da equipe. A única objeção verbalizada foi que o programa "provocaria confusão". A objeção não-expressa era que ele daria ao paciente um senso de individualidade, de ser uma pessoa com uma doença, e não uma doença com uma pessoa, de alguma forma ligada a ela, e que tratava os pacientes como adultos. A resposta dos pacientes ao programa foi muito forte e positiva, e o programa continuou com sucesso durante dois anos. Três meses após minha saída do hospital, o programa foi suspenso.

Um outro exemplo seria a experiência de qualquer um que tenha brigado com a equipe de um hospital para estabelecer uma regra simples: funcionários que não fizessem parte da equipe do hospital, como faxineiros, vendedores de jornais, e assim por diante, deveriam bater à porta de um quarto de hospital (atrás da qual alguém pode estar sentado em uma comadre) antes de entrar. A oposição feroz e emocional a essa regra revela a atitude básica de que o paciente não é mais um ser humano individual digno de respeito.

Sabemos, através de longa experiência, que tratar os pacientes como indivíduos e aumentar sua percepção de si mesmos como indivíduos e adultos mobiliza sua capacidade de autocura, possibilitando que colaborem com o tratamento médico. (Todo oncologista experiente sabe, por exemplo, que os "maus pacientes" tendem a sobreviver durante mais tempo e a reagir melhor à interferência médica

---

* Citado em Irving Oyle, *The New American Medical Show* (Santa Cruz, Califórnia, Unity Press, 1979), p. 25.

do que os "bons pacientes".) Contudo, juntamente com a orientação principal de que as pessoas doentes devem ser consideradas apenas em função de suas doenças, e que todos os resultados são produto da interferência médica formal e não dos poderes individuais de autocura, essa informação é ignorada; a rotina habitual antiterapêutica do hospital debilita a capacidade do paciente de lutar por sua própria recuperação.

Os conceitos de autodefesa e auto-renovação são contribuições fundamentais da medicina holística. A idéia — que não é nova na medicina, mas que neste século desempenhou um papel menor — é a de que, se houver um ambiente positivo — social, emocional, nutricional, espiritual —, a capacidade de autocura do corpo pode fazer muita coisa. Essa idéia está de acordo com a famosa declaração do grande médico Harvey Cushing: "A tarefa do médico é proteger o paciente de seus parentes, para que a natureza possa curá-lo". Nós estamos apenas começando a valorizar a sabedoria oculta na perspicácia dessa declaração, e a descobrir todas as coisas das quais devemos proteger o paciente. Infelizmente, elas muitas vezes incluem as próprias técnicas médicas.

Quando você entra em um hospital, é importante para você, ou para quem o acompanha, compreender a situação médica. Você deixou a relação particular com seu médico e entrou em uma grande organização dedicada a vender um produto e obter lucros. Embora o hospital seja constituído de várias pessoas, muitas delas carinhosas e preocupadas com você, a organização como um todo dedica-se, como *todas* as organizações, principalmente a perpetuar sua própria existência e crescimento.

Para essa nova situação, você precisa elaborar um plano.

Primeiro, principalmente se os procedimentos forem cansativos ou incluírem cirurgia, se possível leve um amigo ou parente que possa ser seu defensor. De preferência, essa pessoa deve ser alguém que provavelmente não será facilmente intimidada e que não tenha medo de reclamar e fazer perguntas difíceis. Não estando afastado do mundo exterior, não estando estressado pela dor, doença ou cirurgia, esse "advogado" pode representá-lo quando e se você estiver incapacitado para fazê-lo. De modo geral, quanto maior o interesse demonstrado por seu parente ou defensor, melhores cuidados hospitalares você irá receber.

Há alguns anos, eu estava visitando uma parente próxima, em um dos melhores hospitais de Manhattan. Ela estava num quarto destinado a dois pacientes. A mulher que se encontrava na cama ao lado tinha uns setenta anos, estava fraca e obviamente desnutrida. Cada vez que eu a via, ela parecia mais magra e mais semelhante a uma refugiada de um campo de concentração nazista. Um dia, após o almoço, vi sua bandeja sendo retirada. A comida não fora tocada. Ela não havia comido nada. Resolvi que no dia seguinte estaria lá na hora do jantar. Aconteceu a mesma coisa. Sua bandeja foi trazida, colocada à sua frente e uma hora depois, retirada. Ela estava muito fraca e desnutrida para poder se alimentar.

Decidido a ser seu defensor, procurei a enfermeira encarregada e expliquei a situação. Ela prometeu cuidar do caso. Contudo, na hora do almoço do dia seguinte, nada havia mudado. Então, fui ao escritório do supervisor da enfermagem e novamente expliquei o caso. Naquela tarde, houve uma melhora dramática. Uma ajudante de enfermagem havia sido designada para ficar com a mulher durante todas as refeições. A paciente rapidamente começou a adquirir peso e forças, e quando minha parente deixou o hospital, já estava se alimentando sozinha, andando pelo corredor, e ganhara pelo menos cinco quilos.

Se eu conhecesse seu médico, certamente teria levado o problema para ele, antes de procurar a enfermeira encarregada dela. Se não tivesse sucesso com o supervisor de enfermagem, teria procurado o diretor administrativo. Quando se trata de cuidados pessoais, a ordem de reclamações é: médico, enfermeira encarregada, supervisor de enfermagem, administrador do hospital, diretor do hospital.

Desde que você tenha um defensor, sua segunda prioridade é a informação. Antes de entrar no hospital, existem alguns fatos que se devem conhecer e determinadas perguntas que se devem fazer.

1. Quem é o médico responsável por você? Certifique-se de que há alguém no comando que está a par de sua condição e do problema que o levou ao hospital. O ideal seria que essa pessoa fosse seu médico particular e, na maioria dos casos, será. Mas tenha certeza de que este é o caso, e descubra quantas vezes ele ou ela irá vê-lo, antes de você se internar.

A não ser que haja um médico coordenador, muitas vezes, nos hospitais modernos, um diagnóstico é feito de acordo com a especialidade do diagnosticador e não de acordo com a doença do paciente. Por exemplo, um doente encaminhado a um psiquiatra pode receber um diagnóstico de "distúrbio gastrintestinal psicossomático", ao passo que, se for encaminhado a um clínico, o diagnóstico pode ser "pilorospasmo". No primeiro caso, o problema é atribuído à mente, no segundo, aos intestinos. Provavelmente em nenhum dos casos existe uma abordagem abrangente para tratar a pessoa como um todo, que inclua os muitos fatores que contribuem para a doença.

2. Qual é o diagnóstico, e quão certo está seu médico a respeito dele?

3. Qual seria o curso normal da doença, com e sem terapia?

4. Quais os efeitos colaterais da terapia?

5. Quais as alternativas existentes?

Quando se prescrevem testes de diagnóstico, você desejará saber se serão dolorosos, quais seus efeitos colaterais, e — o mais importante — se irão fazer alguma diferença real (uma *diferença real* é uma diferença que *faz* diferença). O programa terapêutico do médico irá mudar dependendo dos resultados do exame? *Se a resposta for negativa, não há razão para submeter-se a ele.* Há uma tendência cada vez maior de se aplicar mais e mais testes. Entre 1967 e 1972, por exemplo, o número de testes de laboratório realizados nos Estados Unidos por admissão hospitalar aumentou 33 por cento. Mas não houve nenhum aumento correspondente nos conhecimentos médicos durante esse período.

Lembre-se de que o hospital é um negócio que vende serviços, e estes incluem os testes de diagnóstico. Além disso, nenhum médico ou hospital jamais foi processado por negligência, porque realizaram testes demais e por terem sido *muito* cuidadosos em um exame.

Perguntou-se a alguns estudantes de medicina por que desejavam realizar um determinado teste de diagnóstico, que era muito penoso. Um deles respondeu que seu residente havia dito que somente três coisas eram importantes na medicina: "O diagnóstico, o diagnóstico e o diagnóstico". Embora a história possa ser apócrifa, ilustra uma atitude médica comum, especialmente no cenário idealizado representado pelo hospital-escola da universidade. A busca de um diagnóstico pode adquirir vida própria, e no esforço para encontrar o diagnóstico as queixas fundamentais do paciente, sua situação de vida, necessidades, medos e situação econômica podem se tornar irrelevantes. O roteiro é mais dirigido pela tecnologia disponível, interesses específicos da equipe hospitalar, programas da instituição e, acima de tudo, pela natureza oculta da doença, que precisa ser descoberta porque, assim como o monte Everest, "ela está lá".

Quanto mais testes forem realizados, mais provável será que o resultado de pelo menos um deles seja atípico. Os testes geram mais testes, e os resultados dos testes muitas vezes conduzem a tratamentos

indesejáveis e desnecessários. Como pacientes, nos encontramos, então, envolvidos num programa médico de que não necessitamos.
O famoso teste de Wassermann, para diagnosticar sífilis, é utilizado há quarenta anos. Apenas recentemente descobrimos que é um teste hipersensível e que cerca de metade dos indivíduos diagnosticados como sifilíticos através desse teste *não tinham a doença*! Muitos outros procedimentos da medicina são mais populares do que válidos.

Com freqüência existe uma lacuna na comunicação entre paciente e médico. Pode parecer que eles estão se comunicando e até pensarem que estão, porém suas crenças são tão diferentes que ambos estão fadados a se sentirem desapontados e irritados nesse relacionamento.

Geralmente o paciente quer dizer algo assim: "Faça com que eu me sinta bem. Arrume minha vida, que não está funcionando. É para isso que estou lhe pagando".

Enquanto o médico diz algo como: "Respeite-me, porque utilizo o que há de melhor na ciência moderna para tratar de sua doença. É para isso que você está me pagando".

Nenhum deles está realmente consciente dessas crenças subjacentes. Nenhum deles ficará feliz com os resultados.

Um estudo revelou que quando um médico dizia a um paciente: "Você irá para casa em alguns dias", a maioria dos pacientes pensava que isso significava um a dois dias. Contudo, para a maioria dos médicos, significava dois a quatro dias. Na melhor das hipóteses, a comunicação é uma coisa frágil. Quando estiver conversando com um médico a respeito de uma doença, continue se certificando de que estão ouvindo um ao outro. Muitos problemas podem ser evitados se você assumir a responsabilidade de manter bem claras as linhas de comunicação. Aqui, seu defensor pode ser útil.

Não deixe que o ignorem, se houver alguma coisa que seu médico deveria saber ou ficar atento. A palavra *não* é poderosa. Use-a e seja teimoso ao repeti-la até ficar convencido de que suas objeções foram respondidas razoavelmente. Recentemente, uma paciente estava sendo avaliada em um grande hospital de Nova York. Embora não fosse uma indicação urgente e não representasse uma prioridade no exame, o médico decidiu utilizar um teste de contraste (IVP) para avaliar a função renal. A paciente disse ao médico que era alérgica ao corante e que em um exame anterior, em outra cidade, havia feito o teste e tivera uma séria reação negativa. Como essa reação não fazia parte da experiência do médico, ele não a ouviu e realizou o teste. A paciente morreu. Um simples e teimoso "Não, eu não farei o teste" teria salvo sua vida. Ocasionalmente, você também precisará gritar e atirar coisas para o alto, para que a equipe do hospital preste atenção em você. Naturalmente, é provável que você obtenha reações iradas se disser "não" a alguma coisa, mas sua firmeza pode salvar sua vida.

Você também precisa controlar o número de pessoas que o irão examinar. O residente em seu serviço precisa examiná-lo porque, se algo sair errado, ele ou ela terá que tomar decisões rápidas e, portanto, precisa conhecer seu corpo através de um exame direto. Pergunte a seu médico pessoal se existem outros médicos que *precisam* fazer isso. Se houver, relacione-os em um bloco que ficará sobre sua mesa-de-cabeceira e recuse qualquer outra pessoa. Você pode dizer "não". Quando você está doente, não há razão para que coopere em um projeto de pesquisa do hospital ou para que ajude um interno a completar sua cota de exames, fazendo um deles em você.

Se você é mulher, apenas uma pessoa deve fazer um exame dos seios. A não ser que esteja no departamento de ginecologia, ninguém deve efetuar um exame pélvico, e você não necessita do teste de Papanicolau. Se o seu médico deseja fazer uma exceção a essas regras particulares, ele deve explicar detalhadamente suas razões. "Regulamento hospitalar" não é motivo suficiente.

No bloco de anotações sobre sua mesa-de-cabeceira, anote a lista de medicamentos prescritos por seu médico, o horário em que deve tomá-los e *a aparência de cada um* deles. Se uma enfermeira ou ajudante de enfermagem lhe der um remédio que não se encaixe na descrição feita pelo médico, recuse-o. Mesmo nos melhores hospitais, muitos medicamentos são enviados para as pessoas erradas.

Descubra qual será sua dieta e se pode se alimentar com comida que não a do hospital. Como disse Hipócrates: "Deve-se preferir a comida ou bebida ligeiramente inferiores em si mesmas, porém mais atraentes às que são melhores em si mesmas, porém menos atraentes".

Naturalmente, pode-se chegar a extremos nesta questão. A regra de alguns nutricionistas é: a comida deve ser "boa por si mesma", pura e livre de aditivos, mesmo que tenha o gosto de raízes de couve-de-bruxelas misturadas com cola de papel de parede. O outro extremo afirma que a qualidade tentadora do alimento — sua aparência e sabor — deve ser um fator crítico, não importando muito se ele possui todos os tipos de aditivos utilizados na fabricação de corantes. Ambos os casos insinuam que alguns aspectos do ser humano são realmente importantes e outros, não. Do ponto de vista da medicina holística séria, *todos* os aspectos são de importância real, embora um especialista em saúde possa, necessariamente, trabalhar primeiro com um e depois com os outros. No que se refere aos alimentos, Hipócrates estava claramente sugerindo um meio-termo, de acordo com nosso moderno ponto de vista, que enfatiza ligeiramente a qualidade atrativa.

A média dos hospitais comuns servem alimentos que não são nem apetitosos nem nutritivos. Geralmente, eles conseguem produzir alimentos "inferiores em si mesmos" — o pão branco muitas vezes é servido com quase todos os outros alimentos repletos de impurezas — e ao mesmo tempo pouco atraentes e insossos. Eles conseguem combinar as piores características do alimento servido em instituições, assim como alimentos de baixa categoria. Contudo, alguns hospitais que possuem cozinheiros e nutricionistas treinados demonstraram que é possível oferecer refeições atraentes e saudáveis.

As pessoas mais importantes envolvidas em seu cuidado pessoal são as enfermeiras. A enfermeira encarregada (a enfermeira-chefe de seu andar) virá se apresentar e visitá-lo no primeiro dia, em um dos três turnos. Se ela não o fizer, mande-lhe um recado dizendo que gostaria de conhecê-la. Uma das supervisoras do serviço de enfermaria também aparecerá quase todos os dias. A enfermeira encarregada e a supervisora da enfermaria são as pessoas com quem você deve falar se houver qualquer problema com os cuidados pessoais. Sinta-se livre para reclamar. Você não precisa ser uma criança boazinha. As reclamações lhe proporcionarão um serviço melhor.

Em 1972, a American Hospital Association adotou uma série de resoluções visando proteger os pacientes, que ficaram conhecidas como A Carta de Direitos dos Pacientes. Atualmente, elas são aceitas por todos os hospitais aprovados pela Joint Commission on Accreditation of Hospitals (JCAH). A Carta de Direitos declara que:

> *Todo adulto competente tem o direito absoluto de recusar tratamento. Todo adulto competente tem o direito absoluto de recusar-se a ser examinado por determinado indivíduo. Todo adulto competente tem o direito absoluto de se recusar a participar de atividades de ensino.*

Você também tem o direito de conhecer os resultados de todos os exames realizados, incluindo sua pressão sanguínea e ritmo cardíaco. Tudo ficará mais fácil, e evitará muitas discussões, se você disser a seu médico para anotar em sua ficha e informar a central de enfermagem que quaisquer perguntas devem ser respondidas. A equipe do hospital utiliza todo tipo de desculpas, mas a verdadeira razão de contarem o menos possível ao paciente ("Calma, querida, está tudo bem") é porque supõem que os pacientes devem ser boas crianças que não fazem perguntas e obedecem sempre.

Você também tem o direito de verificar sua ficha quando desejar. (A maioria dos funcionários do hospital fica terrivelmente aborrecida se você pede para fazê-lo, mas um advogado o defenderá e, se necessário, lembrará ao hospital que você é um adulto, um ser humano competente que contratou um advogado.) Entretanto, existe um problema a respeito dessa questão. Pode *não* ser sensato ler sua própria ficha. Com freqüência, determinados termos têm um significado para os leigos e outro bem diferente para aqueles que possuem treinamento médico formal. Podem constar dados em sua ficha que pareçam alarmantes para você, mas que não o são, de modo algum, para o médico. Meu conselho é que você peça ao seu médico para mantê-lo informado dos resultados dos exames e de outros dados de sua ficha, mas não tente lê-la. Contudo, se não puder obter a informação verbalmente, leia a ficha.

Você pode deixar o hospital a qualquer momento. Se alguém tentar impedi-lo, pode processá-lo por confinamento ilegal. O hospital talvez lhe peça para assinar um formulário, em que consta que sua saída é contrária às recomendações médicas, mas apenas isso, pois não podem retê-lo se decidir ir embora. Incidentalmente, estudos realizados sobre pacientes que deixaram o hospital contra as recomendações médicas mostram que poucos se arrependeram e poucos apresentaram efeitos adversos (cerca de 5 por cento em cada caso). O principal prejuízo ocorre no senso de onipotência da equipe hospitalar.

Os tratamentos médicos não autorizados (com exceção de situações claras e óbvias de vida ou morte) constituem uma agressão. Não importa se o tratamento era aconselhável ou não, bem-sucedido ou não. Consentimento é a chave.

Quanto às cirurgias, a regra é: quanto menos, melhor. Não permita que os cirurgiões removam órgãos "porque mais tarde podem surgir problemas neles e, já que você está aberto, bem que poderia eliminar o problema potencial...". Muitas mulheres com cistos fibróides do útero perderam úteros e ovários nessas condições. Os cirurgiões disseram que sempre poderiam usar hormônios sintéticos. Então, descobriu-se que o uso de hormônios sintéticos tendia a provocar câncer. Esse tipo de tratamento não é mais utilizado. Não conheço nenhum cirurgião que tenha manifestado qualquer pesar por suas clientes ou tenha se desculpado por sua atitude.

Ao considerar a remoção de um órgão ou órgãos, lembre-se de que a Natureza não se entrega a luxos. Como escreveu Galeno: "A Natureza não faz nada em vão". Se algo está lá, é porque há uma boa razão para isso. Nenhum substituto será melhor (a Mãe Natureza sabe mais). Um órgão deve ser removido somente se as alternativas *naquele momento* forem totalmente inaceitáveis. Você sempre poderá removê-lo mais tarde; mas não poderá colocá-lo de volta.

Ninguém parece ter se perturbado com o fato de que, depois de greves de médicos e hospitais em algumas cidades dos Estados Unidos (durante algumas dessas greves, apenas 15 por cento dos leitos hospitalares estavam sendo utilizados), não tenha havido um aumento sensível no sofrimento e certamente nenhum aumento nas estatísticas de mortalidade. Uma greve numa fábrica, responsável por reduzir a produção em 15 por cento da normal, certamente levaria a uma diminuição do número de bens produzidos. Se o produto do hospital supostamente é uma diminuição do sofrimento e a redução do índice de mortalidade, por que não vemos nenhum indício? Talvez não tenhamos uma avaliação adequada do sofrimento humano. Mas sabemos quantas pessoas morrem a cada mês e do quê. Será possível que nosso sistema médico e hospitalar esteja muito mais errado do que imaginamos? Será esse o motivo por que ninguém perguntou se os outros 85 por cento dos leitos hospitalares são realmente necessários ou, simplesmente, ligados a um negócio muito mais amplo, que perdeu de vista algumas de suas metas iniciais — como cuidar do sofrimento humano — e agora atua amplamente em termos de lucros e perdas? Será que não questionamos a respeito desses 85 por cento dos leitos hospitalares pela mesma razão por que não questionamos a razão pela qual a General Motors não pode fabricar menos carros a cada ano?

Em 1934, a American Child Health Association estudou relatórios médicos sobre a conveniência da amigdalectomia para 1.000 crianças: 611 já haviam retirado as amígdalas; as 389 restantes foram examinadas por outros médicos e mais 174 foram selecionadas para a amigdalectomia; restaram 215 crianças cujas amígdalas eram aparentemente normais. Um outro grupo de médicos examinou essas 215 crianças e decidiu que 99 delas necessitavam da amigdalectomia. Mais um grupo de médicos examinou as restantes 116 crianças e recomendou a operação a quase metade delas.

Entre as coisas que você deve levar para o hospital estão os medicamentos que você toma regular ou ocasionalmente (comprimidos para dor de cabeça ou antialérgicos). Pergunte ao médico, *antes de ir para o hospital*, se qualquer um deles é contra-indicado pelos tratamentos a que você irá se submeter. Então, mantenha-os na bolsa ou na mesa-de-cabeceira. Se alguém tentar retirá-los, você ou seu amigo defensor devem simplesmente proibir. A simples existência de "regulamentos do hospital" não implica obediência cega a eles. Além disso, particularmente se for se submeter a uma cirurgia, leve alguns supositórios de glicerina. As pessoas freqüentemente ficam com prisão de ventre após a cirurgia, depois de se submeter a alguns exames e tomar analgésicos. Por razões que não compreendo, a maioria dos hospitais irá lhe colocar um supositório somente quando você estiver impactado até as omoplatas.

No bloco de anotações já mencionado, escreva os números dos telefones do consultório e da residência de seu médico particular, bem como o nome e números de quaisquer médicos que estarão em contato constante com você, enquanto for um paciente — cirurgião, anestesistas e outros. Use qualquer um ou todos esses números, se precisar.

Quando você está no hospital em condições graves, infelizmente há uma outra coisa da qual precisa estar consciente. Em muitos hospitais, os psiquiatras e psicólogos são considerados autoridades que impõem disciplina no serviço médico. Se fizer muitas perguntas ou — horror dos horrores — discordar de um procedimento que o hospital considera correto para você, a equipe médica provavelmente pedirá que um psiquiatra o visite. O fundamento lógico existente por trás dessa atitude é o de que, se você discorda da decisão de se submeter a um programa de quimioterapia ou radiação, ou se deseja saber ansiosamente os efeitos colaterais e a probabilidade da eficácia do tratamento, dizendo depois que deseja pensar um pouco no assunto, então obviamente você está perturbado e neurótico, e o departamento de psiquiatria é chamado para "consertá-lo".

Essa conduta é mais predominante em certos lugares do que em outros*. A atitude óbvia quando um psiquiatra for visitá-lo nessas circunstâncias é dizer educadamente: "Eu não pedi sua visita. Eu não conversarei com você. Recusarei qualquer conta que me mandar. Por favor, vá embora". A maioria dos psiquiatras entenderá a mensagem. Se forem muito persistentes, telefone para o administrador do hospital e diga que há uma pessoa não autorizada em seu quarto, que se recusa a sair. Isso deve resolver o problema.

Contudo, há muitas situações em que você talvez considere muito bem-vinda a presença do psiquiatra ou psicólogo do hospital. Se sentir que sua ansiedade está anulando sua capacidade de pensar claramente e tomar boas decisões, se estiver perturbado por sentimentos depressivos, se não conseguir vislumbrar nenhum futuro para você, se não souber o que fazer a seguir, então, talvez haja um psiquiatra no hospital que seja um ser humano ponderado com mente bem treinada e experiente, com quem possa ter uma conversa saudável. Não tenha medo ou vergonha de pedir uma consulta com o psiquiatra. Ninguém irá considerá-lo louco, e esta pode levar a um bate-papo muito construtivo. Nas situações em que você precisa de alguém para discutir assuntos sérios, e o psiquiatra parecer muito jovem, inexperiente, ou tolo, então, em um número surpreendentemente grande de hos-

---

* O Departamento de Psiquiatria da cidade de Nova York, o famoso Memorial Sloan-Kettering Cancer Center, é particularmente célebre por esse tipo de atividade.

pitais você irá encontrar as características que procura, num dos membros do serviço de capelães do hospital.

Algumas vezes, se você fizer muitas perguntas e demonstrar dúvidas de que todas as decisões da equipe médica são orientadas pela sabedoria divina e, portanto, são absolutamente corretas, o médico irá lhe prescrever tranqüilizantes. Estes servem para derrotar sua capacidade crítica e torná-lo mais dócil; assim, ajudam a transformá-lo em um bom paciente, que não deixará ninguém desconfortável. Aqui está uma das vantagens de se ter um defensor forte. Ninguém pode prescrever nada para amortecer o cérebro *dele* ou *dela*. Você ou seu defensor *devem* perguntar o nome e o objetivo de toda a medicação prescrita (assim como saber sua aparência e o horário de administrá-la) e, então, decidir se deseja ou não recebê-la. Procure saber sua ação, os efeitos colaterais, sua eficácia. Então você decide. Em muitas situações, um tranqüilizante pode ser muito útil. Uma doença séria pode ser uma experiência terrível e, muitas vezes, combinada com outras tragédias de nosso passado, tornam difícil nossa atuação. Sinta-se à vontade para tomar tranqüilizantes nessa situação ou em outras, quando forem indicados. Mas você deve permanecer no controle dos agentes químicos ingeridos, que podem afetar seu cérebro. De modo geral, quanto mais você estiver e permanecer no controle de seu destino, melhor se sairá. Essa abordagem pode enfraquecer o senso de onipotência da equipe hospitalar, mas, antes de permitir que as pessoas brinquem de Deus com você, tenha certeza de que elas possuem as qualificações necessárias!

Acima de tudo, não tenha medo de ser uma pessoa difícil, quando algo estiver errado. Se os lençóis não estiverem sendo trocados ou os medicamentos administrados mais ou menos na hora certa, aperte a campainha e reclame. Se estiver sangrando e ninguém atender à campainha — grite.

Em resumo, se você está no hospital para a conveniência da equipe, seja um bom paciente. Se estiver lá porque está doente e deseja obter o máximo de benefícios em sua estada, faça tudo o que for possível para conservar sua condição de adulto e todo o controle que puder sobre seu destino.

Se sentir dores enquanto estiver no hospital, não tente ser herói. Todos os estudos demonstram que as pessoas que recebem medicação contra dores logo que estas iniciam ingerem uma quantidade bem menor de remédios, e os solicitam com menos freqüência do que aquelas que esperam até não suportá-las mais. Quanto maior a espera, mais seus músculos se enrijecerão e mais a dor se intensificará. Toda a área ficará mais sensível e dolorida, devido aos espasmos musculares, a medicação terá efeito mais reduzido e é mais provável que a dor volte rapidamente, depois de passado o efeito do medicamento. O heroísmo em hospitais não tem nenhum sentido.

Se você não estiver internado, mas precisa procurar uma sala de emergência de um hospital, ir acompanhado também ajuda muito. Melhor ainda se a pessoa for um forte defensor, ficando com você até que haja uma decisão a respeito do problema e sejam tomadas as providências necessárias.

Digamos que são três horas da madrugada e você vai para a sala de emergência de um hospital, sentindo dores fortes. Se não houver ninguém para acompanhá-lo, enquanto espera pela ambulância tente telefonar e pedir que alguém vá encontrá-lo no hospital. Quando chegar lá, você ou seu defensor podem fazer um estardalhaço. Diga a quem estiver em serviço, nítida e firmemente, que sua dor é muito forte e que acha que vai desmaiar. Embora os mansos possam herdar a terra, a menos que você esteja com pressa de herdar seus sete palmos dela, não seja manso. Se as enfermeiras ou outros funcionários quaisquer disserem que estão muito ocupados para tratar de você imediatamente, ou se o médico que irá examiná-lo não aparecer dentro de um período de tempo razoável, pegue um telefone e chame o diretor administrativo. Há sempre alguém de plantão. Ou, melhor ainda, faça com que seu defensor vá ao escritório dele e faça um escândalo lá.

Quando o médico vier vê-lo, você ou seu defensor devem anotar o nome dele. (Médicos, como as outras pessoas, trabalham melhor quando alguém está observando e sabe quem eles são.) Além disso, você ou seu defensor devem verificar (imediatamente ou, em alguns casos, na manhã seguinte) os exames realizados e o diagnóstico.

Na sala de emergência siga as mesmas regras gerais que se aplicam a qualquer estada em um hospital. Não permite a nenhum procedimento penoso até que compreenda por que ele é necessário, e informe-se das alternativas. Seja teimoso quanto a isso. É provável que evite desconfortos, economize dinheiro e ainda salve sua vida.

Um último comentário sobre salas de emergência. Deixe as jóias em casa e traga apenas o dinheiro suficiente para cobrir as taxas exigidas. As coisas costumam desaparecer lá.

Nas páginas anteriores, discuti os aspectos negativos de muitos hospitais modernos e apresentei um quadro muito parcial e preconceituoso. Enfatizei aqueles aspectos para ajudar as pessoas a se protegerem. Um quadro mais completo consideraria o fato de que os hospitais modernos são muito superiores a qualquer instituição que ti-

101

vemos no passado. Os hospitais salvam um imenso número de vidas e evitam muitas dores. Somente quando estamos muito doentes, ou temos uma criança doente, podemos experimentar também seus aspectos positivos. É totalmente válido criticar o sistema hospitalar moderno, bem como tentar melhorá-lo e ajudar os pacientes a se comportar melhor dentro dele. É ainda mais válido agradecer a Deus a existência de hospitais modernos quando precisamos deles.

5

O PROBLEMA DO DESESPERO

"É como se durante toda a vida eu estivesse escalando uma montanha muito íngreme. É muito difícil. De vez em quando, surgem saliências e eu posso descansar nelas e até mesmo sentir prazer por algum tempo. Mas preciso continuar subindo, e a montanha em que me encontro não tem cume.

"Descobri que odeio trabalhar para o sindicato. Era muito tarde para voltar para a música, embora tivesse tentado. Eu sabia que precisaria ficar para sempre nos negócios. Não existia nenhuma saída, não importava o que eu tivesse feito.

"Quanto mais tento derrubá-la, mais alta e mais espessa torna-se a parede de espinhos que construí ao meu redor. Não consigo me aproximar das outras pessoas. Sinto-me como Dornrosen [a princesa do conto de fadas que dormia dentro de um círculo de espinhos, até que um príncipe o atravessou e a despertou], com a diferença de que a floresta cresceu tanto que ninguém irá me encontrar. A trilha está tão coberta de vegetação, que jamais poderá ser utilizada novamente.

"Independentemente daquilo que eu fazia, nunca dava certo. Perdi minha habilidade [para escrever] e Tom também, e, quanto mais tentávamos, pior ficava. Desisti de tudo por ele e — vejo agora — isso nos destruiu. Nossa sociedade era mutuamente sufocante. Não parecia haver nenhuma solução. Muitas vezes pensei que só escaparia através da morte.

"Sou como a 'Filha de Rappaccini' [uma história de Hawthorne]. Preciso ser amada e posso corresponder ao amor, mas eu os enveneno [qualquer pessoa que ela ame] porque eles não possuem a minha imunidade contra meu próprio veneno... Não creio que você, nem ninguém mais, saiba o que significa não ter nenhuma esperança."

Denominei "desespero" o impulso que essas pessoas pareciam expressar. Um grupo de cientistas, liderados por William Green e Arthur Schmale chamou-o de "desesperança". É uma profunda tendência que, independentemente do que se faça ou do que acontece no exterior, jamais pode trazer um significado real, prazer e entusiasmo pela vida.

Um interno muito experiente, que adquiriu prática ao ouvir seus pacientes, colocou a questão nestes termos: "Acredito que os pacientes com câncer morrem, por assim dizer, de um estado negativo de *stress*. Eles morrem quando são dominados por uma sensação de vazio e desesperança".

Desde a infância, Mary sentia intensa inspiração ao escrever poesia. A visão de si mesma e sua reação ao meio ambiente fundamentavam-se neste ponto de referência. Seu trabalho era de excelente qualidade e poderia ter sido facilmente publicado, mas ela jamais foi capaz de mostrá-lo a alguém ou de enviá-lo a uma editora, pois sentia que ele revelaria como ela era diferente das outras pessoas e faria com que fosse rejeitada pelos demais. Após alguns meses de terapia, ela — com muita ansiedade — mostrou alguns de seus versos ao terapeuta, que, confidencialmente, obteve a opinião de um profissional. Isso confirmou a impressão do terapeuta de que era de fato um trabalho de excelente qualidade, de primeira categoria.

Mary casara-se com um escritor, e — durante um breve período — a relação fora amorosa, intensa e de mútuo apoio. Ele estava iniciando a carreira e sentia-se confiante em relação ao seu desenvolvimento. Quando ficou claro que as habilidades *dela* eram muito maiores do que as do marido, tornando-se uma ameaça real para o escritor, isso fez com que ele se afastasse emocionalmente do relacionamento. Com sua aguda percepção artística, Mary percebeu que suas ansiedades iniciais — ser poeta *ou* ser amada — pareciam agora justificadas pela realidade. Ela tentou desistir da poesia, desistir de tudo, por ele. Entretanto, a relação não melhorou, e, em breve, viu-se incapaz de escrever ou ser amada e sentia-se profundamente sem esperança de obter qualquer satisfação verdadeira em sua vida.

No início de 1940, quando eu estava começando a estudar psicologia, era critério convencional nesta área considerar cada tipo de síndrome física associado a um determinado tipo de padrão de personalidade. Úlceras do estômago eram encontradas em pessoas emocionalmente carentes, pessoas com artrite possuíam muita hostilidade reprimida, e assim por diante. Os psiquiatras e psicólogos do porte de Flanders Dunbar e Franz Alexander realizaram extensas e sérias pesquisas que os conduziram a essas conclusões.

Desde aqueles dias, já percorremos uma longa distância. Atualmente, percebemos que, ao se estudar grupos muito amplos de pessoas, algumas vezes aquelas relações são encontradas; porém, reconhecemos que não podemos fazer previsões baseadas nesse tipo de pesquisa, quando lidamos com indivíduos. Muitas vezes, as tendências estatísticas existem, mas cada pessoa é única e só pode ser compreendida no contexto de sua herança genética e experiência de vida particulares, e na forma como interagiram. Todas as pessoas são diferentes e ninguém foi moldado dentro de um padrão exato. Para cada um de nós, o protótipo foi destruído no dia em que nascemos. Reconhecemos agora que, se você conhece alguém cuja condição física combina exatamente com o padrão psicológico descrito nos livros, significa que você não a conhece muito bem.

Um dos maiores erros da psicologia e psiquiatria modernas tem sido a crença de que, quanto mais sabemos, mais seremos capazes de utilizar categorias e fórmulas matemáticas para descrever e compreender; que o fato de sermos capazes de separar indivíduos em categorias, e lhes atribuir valores numéricos, é sinal de que sabemos muito a seu respeito. Na realidade, o contrário é que é verdadeiro. Rotular a pessoa como "isto" ou "aquilo" (por exemplo, no jargão da terceira edição do *Diagnostic and Statistical Manual of Mental Disorders*, diagnosticando uma pessoa como um 309.28 ou um 309.29) revela que sabemos muito pouco a respeito dela. Sabemos tão pouco sobre o paciente que podemos descrevê-lo somente em termos que também se ajustam a milhares de outros.

O erro é visível na psicologia e na psiquiatria, porém não está restrito a essas áreas. Bertrand Russell escreveu: "A física é exata não porque sabemos tanto a respeito do mundo físico, mas porque sabemos tão pouco; somente podemos descobrir suas propriedades exatas".

Atualmente sabemos que, a menos que se possa ver em alguém com quem se está trabalhando um romance de Dostoiévski ou uma tragédia shakespeariana completos, você conhece essa pessoa apenas superficialmente. Cada um de nós — nunca encontrei exceções — vive em um universo particular muito rico, um universo repleto de dor, alegria, esperança, tristeza, medo, orgulho, solidão, relacionamentos, isolamento, ódios, amores e todas as coisas que artistas e escritores nos demonstraram fazer parte da condição humana. Mesmo quando conhecemos alguém muito bem, ainda assim deixamos de perceber muito da intensa cor e qualidade de sua vida. O filósofo e poeta Goethe escreveu: "Todas as suas teorias são cinza, mas a preciosa árvore da vida é verde".

O universo de cada um de nós é único, e não pode ser reproduzido por nenhum outro. As generalizações a respeito dos seres humanos sempre são vacilantes; elas já são inadequadas quando realizadas. E, contudo, são ferramentas úteis. Como outros tipos de conceito, elas nos permitem ver e captar aquilo que, de outra forma, perderíamos. Assim como os artistas impressionistas como Monet, Cézanne, Van Gogh e Derain ajudaram-nos a ver o mundo através de novas formas — auxiliando-nos muito a criar grande parte da moderna revolução científica —, um conceito nos permite enxergar mais possibilidades do que as anteriormente existentes. Como as ferramentas, os conceitos podem ser bem ou mal utilizados. Sem eles, estamos limitados. Se, como disse o psicólogo Abe Maslow, você tem apenas um martelo, precisa tratar todas as coisas como se fossem pregos. Mas, com outros instrumentos em sua caixa de ferramentas ou no seu arsenal mental — sua *massa aperceptiva*, em linguagem antiga —, você pode perceber e considerar coisas e pessoas com muito mais discernimento. É por esse motivo que consideramos os conceitos muito valiosos e que introduzi aqui o conceito de *desespero*.

O desespero era o impulso básico de vida, que surgia na maioria dos pacientes com câncer, durante a psicoterapia. Sua verbalização, muitas vezes, era uma surpresa para os pacientes, seguida rapidamente pela realização de que "é assim que eu sempre me senti". Toda a evidência da psicoterapia individual prolongada com essas pessoas indicou que a manifestação emocional de desespero antecedia, em muitos anos, o surgimento do câncer. Ele fora o sentimento essencial de suas existências, seu *Lebensgefül*, durante a maior parte de suas vidas. Na vida de cada um deles, houve períodos em que essa música de fundo era muito alta e períodos em que era quase inaudível, porém sempre estivera lá.

Quando esse sentimento se tornava consciente, com freqüência os pacientes eram "inundados" por ele, durante muito tempo. Ele continuava reaparecendo de muitas maneiras e em muitos contextos, até que pudesse finalmente ser trabalhado. Era um período muito doloroso para os pacientes. Não obstante, assim que uma tendência mais realista o substituía, podia se criar um avanço construtivo e inteligente nas personalidades e no espaço de vida dos pacientes.

Como revelam as citações inseridas no início deste capítulo, os pacientes relacionavam seu desespero com o câncer apenas superficialmente. Sua doença fatal — todos os pacientes estudados conheciam seu diagnóstico e prognóstico — era considerada apenas como "mais um exemplo" da ausência de esperança em suas vidas. Eles percebiam que o desespero era muito anterior aos neoplasmas, e que o fato de estarem inexoravelmente doentes apenas confirmava o que já acreditavam antes. O problema de suas existências insuportáveis estava sendo resolvido para eles pelo câncer num final e irrevogável livrar-se de si mesmos. Essa era literalmente a solução que, em sentido figurado, sempre haviam temido e que, contudo, sentiam ser inevitável.

Quase todas as pessoas com câncer com quem trabalhei nos primeiros quinze anos desta pesquisa tinham pouca esperança do ponto de vista clínico. Os tratamentos aceitos já haviam fracassado, ou a experiência demonstrara que havia poucas chances de salvar suas vidas. Assim, este era um grupo especial dentro da população de câncer e talvez o conceito que irei descrever se aplique principalmente a essa população em especial. Observei também esse conceito em alguns pacientes que se recuperavam de câncer e em algumas pessoas que não tinham câncer. Contudo, ele foi encontrado em quase todos os pacientes com câncer que não podiam ser ajudados pela medicina moderna. Ele é mais típico deste grupo do que de qualquer outro que conheço. Talvez não seja coincidência que eu não tenha encontrado sua descrição em nenhum outro lugar, a não ser em um livro de Kierkegaard, chamado *The Sickness Unto Death*.

Com freqüência, as pessoas sem esperança sentem que só existem dois caminhos em suas vidas. Elas podem ser elas mesmas, relacionar-se, existir, criar, à sua própria maneira. Se assim fizerem, ficarão sozinhas, pois consideram que "sua maneira" de ser não é aceitável para os outros. A solidão será muito grande para ser suportada. Ou podem seguir o segundo caminho: adaptar-se aos desejos e exigências dos outros, enterrar sua singularidade, sua individualidade, e então serem aceitos pelos outros e — nas palavras de um paciente — "receber migalhas de amor, o suficiente para quase sobreviver". Entretanto, se seguirem o segundo caminho, ainda se sentirão basicamente sozinhas. Elas são aceitas pelo que fazem, não pelo que são. Além disso, irão se juntar ao resto do mundo na rejeição a si mesmos, e este será um fardo adicionalmente cruel e pesado. Considerando possíveis apenas os dois caminhos, a perspectiva parece realmente árida e o desespero, justificado. Uma paciente disse que durante toda a vida tivera um lema, que parecia resumir todas as possibilidades de que dispunha: "Se a rocha cai sobre o ovo — coitado do ovo. Se o ovo cai sobre a rocha — coitado do ovo". Para nós, estava claro que ela se identificava com o ovo, não com a rocha. Qualquer coisa que fizesse ou fosse o que fosse que acontecesse, os resultados seriam os mesmos — coitado do ovo!

Uma paciente considerava este sentimento como um conflito entre sua "individualidade" e sua "popularidade" — ser ela mesma ou ser amada. "E é como se eu precisasse de comida e bebida para viver e só pudesse ter um deles." Desistir de sua "individualidade", sua maneira única de ver e de se relacionar com o mundo, significava a perda de si mesma; conservá-la representava ficar sozinha.

No início da terapia, essa paciente (uma brilhante especialista, altamente treinada em seu campo) expressara muita ansiedade a respeito de ser "medíocre", uma pessoa comum sem nenhuma característica especial, que facilmente se enquadraria em seu grupo suburbano. A terapia revelou que ela sabia ser incomum, mas temia os próprios impulsos de deliberadamente tornar-se "medíocre", de desistir de suas diferenças especiais para tentar obter amor e aceitação. Embora sentisse tanta ansiedade a ponto de tomar esta atitude, essa paciente, em particular, jamais conseguiu aceitar o pacto de Fausto: ela não poderia vender sua alma (pois sabia o preço exigido) para ter amor, nem poderia viver sem a água do amor. Enxergando somente essas duas possíveis alternativas, sentia um profundo desespero ao pensar em jamais levar uma vida que valesse a pena ser vivida.

Um outro paciente, na primeira sessão, contou-me que sempre fora uma pessoa independente, que "jamais precisou de um travesseiro" em sua vida. Em sua opinião, as qualidades de força, competência, domínio e independência eram seus componentes fundamentais, a estrutura de sua individualidade. Ele era e sempre fora assim. Contudo, à medida que a terapia progredia, descobrimos que ele sentia que não poderia ser amado como era, que só poderia provocar medo e respeito e que, para obter o amor que necessitava tão desesperadamente, precisava tornar-se passivo, dependente e fraco. Ele não podia fazer isso e, no entanto, achava que não conseguiria obter o que precisava se não o fizesse. Desperdiçando cada vez mais energia, numa tentativa frenética de obter amor através do domínio e do controle, uma tentativa na qual sabia que iria fracassar, e não vislumbrando nenhuma alternativa, sentia-se compelido a continuar desejando profundamente morrer, e assim ser capaz de fazer cessar a luta.

As pessoas que não estão desesperadas sempre têm a esperança de que a situação possa ser modificada: talvez através de seus próprios esforços, talvez por acontecimentos acidentais (por meio de ações e fatos, independentes delas), ou talvez apenas pelo passar do tempo. As pessoas desesperadas perderam toda a fé nestas possibilidades: na habilidade de suas ações, nos "objetos" ou fatos exteriores, ou no tempo, para solucionar o problema. A "montanha" que precisam escalar não tem cume, e não há nenhuma maneira de não sentirem a necessidade de continuar a interminável escalada.

Elas sentem que independentemente do que façam, independentemente do quanto lutem, dando voltas tortuosas para evitar seu destino, ele inexoravelmente chegará. Na melhor das hipóteses, as saídas eram temporárias, meras "saliências (na montanha) onde posso descansar...", e acreditar nesta realidade ou em sua continuidade, apenas conduziria a um desapontamento mais amargo.

Uma mulher disse que desde criança era perseguida por uma história. Não tinha certeza se era um romance que lera, um filme a que assistira ou algo que ela mesma criara. Mas lembrava-se de tê-la conhecido e visualizado tão nitidamente como se tivesse participado dela. Na história, diversas pessoas fugiam num carro, sendo perseguidas por vários carros, cheios de inimigos mortais. Se pudessem chegar a uma longa e difícil passagem nas montanhas, estariam salvos.

Ela visualizava a cena como num filme. Na tela, a ação da tentativa de fuga e da perseguição era interrompida, de vez em quando, por um caminhão enorme, arruinado, que carregava urinóis, cruzando o deserto que ficava do outro lado das montanhas e aproximando-se deles. Gradativamente, aqueles que fugiam para salvar suas vidas se afastaram dos perseguidores. Começavam a acreditar que escapariam e finalmente chegaram ao topo da passagem na montanha e começaram a descer para o outro lado. Ao mesmo tempo, o caminhão começava a subir a montanha. O resultado era facilmente previsível. Assim que os protagonistas se convencessem de que haviam conseguido escapar seriam mortos em uma colisão com o caminhão. "Eu sempre soube que, de algum modo, esta era e seria a história de minha vida", disse ela.

O problema subjacente ao desespero é a crença de que o eu não pode ser aceito pelo que é. Se ele é considerado algo que será rejeitado pelos outros, então a pessoa está destinada a ser eterna e profundamente sozinha. Se for considerado algo que nós mesmos rejeitamos, o isolamento é ainda maior. E se, como freqüentemente acontece, a pessoa considerar ambas as condições verdadeiras, a situação de vida é tão árida e terrível quanto se possa imaginar. É um vínculo irremediável. Kierkegaard, escrevendo sobre a "desconexão do desespero'', observa que, para nos livrarmos do desespero, precisamos nos livrar de nosso eu, pois é ele que nos desespera. Mas livrar-se do eu também é motivo de desespero, uma vez que significa que não somos mais nós mesmos, não existimos mais como a pessoa que somos. Nas pessoas com câncer que conheci, repetidamente encontrei alguma manifestação desse dilema. Os pacientes sentiam nítida e conscientemente, ou em níveis mais profundos da personalidade, que para conseguir o que necessitavam, algo que trouxesse significado, prazer e entusiasmo às suas vidas, precisavam desistir de si mesmos e se transformar em outra pessoa. Apenas a idéia dessa solução ocasionava o desespero, pois eles sabiam que isso não iria, nem poderia, funcionar. O amor que recebiam por terem se transformado em outra pessoa era inaceitável; eles eram amados pelo que faziam, não pelo que verdadeiramente eram, e esse tipo amor era, por si só, pouco nutridor.

No crepúsculo de sua vida, um ano antes de morrer, Freud ouviu de um de seus principais alunos, J. C. Flügel, psicanalista inglês, uma indagação profunda: "Diga-me, mestre, por que a psicanálise *realmente* cura o paciente?". Freud pensou e então respondeu, baseado em sua longa experiência e sabedoria: "Em determinado momento, o analista ama o paciente e o paciente sabe, e então é curado".

Ao analisarmos essa resposta, fica claro por que a psicoterapia em geral é tão demorada. Os pacientes precisam saber que o analista sabe *quem eles verdadeiramente são e os ama como são*. Somente quando somos conhecidos pelo que realmente somos, e amados por isso, é que podemos nos *sentir* amados e *aceitar* esse amor.

Muitas das pessoas com quem trabalhei, durante um período ou outro, tentaram negar o que viam como sendo seus verdadeiros eus, pois eles nunca lhes trouxeram o que necessitavam tão desesperadamente — o amor diferenciado que poderia regar e nutrir suas almas.

Quando as pessoas encaram o fato de que não têm esperanças, e que esse sentimento tem sido uma parte de suas vidas (segundo Kierkegaard: "Quando uma pessoa não tem esperanças, revela que esteve desesperada durante toda a vida"), surge a questão de como resolver o problema básico. Enxergar a verdade muitas vezes é difícil e demorado. A verdade é que a *solução surge ao nos tornarmos cada vez mais naquilo que verdadeiramente somos*. Quanto mais você se entregar a esse caminho e a essa meta, mais aqueles que aprovam a pessoa que você realmente é poderão reconhecê-lo e se aproximar de você. De modo geral, elas serão o tipo de pessoa que *você* gosta, embora possa haver exceções. Somente depois que as pessoas desesperadas tiverem a coragem de mostrar sua verdadeira face é que os outros poderão reconhecê-las e responder com afeto e amor.

E apenas depois disso — depois de encontrar e mostrar seu verdadeiro ser — o amor pode ser aceito e acreditado.

Na maioria das pessoas que tratei, esse desespero era profundo e irremediável, claramente desvinculado da emoção. Não existiam rancor ou dor — ele fazia parte de seus mundos, e sempre fizera, desde quando podiam se lembrar. "É assim que eu sempre me senti", diziam. "É assim que sempre foi comigo." Simplesmente, esse era o seu meio ambiente.

> *Eu lhes digo que o pesar sem esperança é desapaixonado;*
> *Que somente os homens que não crêem no desespero,*
> *Que conhecem apenas um pouco da angústia, forçam seu caminho através do ar da meia-noite até o trono de Deus,*
> *Num avanço insistente de gritos e acusações. A aridez total,*
> *Nas almas e nos países, repousa silenciosa e desnuda*
> *Sob o penetrante olhar, pálido e vertical,*
> *do Céu abrangente.*
>
> ELIZABETH BARRETT BROWNING

Como esse sentimento fazia parte, há tanto tempo e tão essencialmente, de sua concepção de mundo, seu *Weltbild*, elas continuaram atuando, continuaram vivendo, mantendo a rotina de suas vidas, e jamais acreditando que a vida pudesse trazer qualquer satisfação ou significado reais. Quando estamos deprimidos, diminuímos nossa atividade; quanto mais profunda a depressão, menos agimos. No desespero, entretanto, nós continuamos; não sentimos nem mesmo esperança suficiente de encontrar um significado na vida, para nos sentirmos deprimidos, porque não conseguimos encontrá-lo! Em vez de diminuir nossa atividade, continuamos na luta irremediável de nossas vidas.

Geralmente, em meus pacientes o desespero era tão profundo e tão arraigado que mesmo o surgimento do câncer e seu diagnóstico não faziam nenhuma diferença na maneira de agirem em sua vida diária. Mesmo diante de uma doença fora de controle, eles tendiam a não procurar novas experiências ou modificar seus padrões habituais de comportamento. O câncer não era considerado como algo *novo* em sua vida, apenas como o exemplo mais recente e derradeiro do desespero essencial, que por tanto tempo fizera parte de suas existências.

Ocasionalmente, entretanto, isso não acontecia. E nessas exceções parecia haver um fortalecimento da ação do mecanismo de defesa contra o câncer. No final do capítulo 2 (pp. 71-72), relatei a história da paciente do dr. Meerloo, que adorava estar no mar. Ela talvez seja um exemplo disso. Karen pode ser outro exemplo.

Karen crescera em uma família que achava que uma pessoa "boa" deve cuidar de outras pessoas, colocando suas próprias necessidades em segundo lugar. Karen sempre adorou desenhar. Mais do que qualquer outra coisa, ela desejava ser desenhista publicitária. Contudo, sua família pensava que essa ocupação não era algo que contribuía para o bem da humanidade e, portanto, inaceitável. Karen então estudou administração escolar na universidade e ingressou nessa área. Como ela disse, "a arte é tudo para mim, e desisti dela para cuidar dos outros. Para fazer o que devia fazer". Quando lhe perguntei mais sobre o assunto, ela declarou: "Sempre me ensinaram que preciso fazer as coisas que *devo* fazer e não as que desejo fazer".

Ela era bem-sucedida em sua carreira e rapidamente ascendeu no sistema escolar. Seu trabalho era inteligente e de nível elevado, e era uma daquelas pessoas que provavelmente seriam bem-sucedidas em qualquer coisa em que se envolvessem, independentemente de suas preferências e aversões pessoais.

Quando estava mais ou menos com trinta anos, desenvolveu um câncer no seio, que cresceu rapidamente, com metástases nos gânglios linfáticos. Trouxe então do escritório uma pasta grande, cheia de papéis, pois havia planejado se dedicar a eles durante sua permanência no hospital, recuperando-se da mastectomia.

Um dia antes da cirurgia, Karen subitamente sentiu grande liberdade. Era como se, de repente, uma tremenda carga tivesse sido retirada de seus ombros. Ela pensou: "Eu tenho câncer; portanto, agora posso fazer o que *eu* quero. Não preciso cuidar desses papéis. Eu posso *desenhar* novamente".

Durante sua recuperação, passou a maior parte do tempo com um bloco de papel e lápis, em lugar dos documentos de sua pasta. Os resultados da mastectomia foram excelentes. Não houve mais sintomas durante sete anos, e depois desse período, surgiu um pequeno nódulo no tecido cicatricial. A biópsia foi inconclusiva e uma nova cirurgia aconselhada. Karen, entretanto, decidiu-se por um programa de espera e observação. Ela começou a prestar ainda mais atenção às suas necessidades como pessoa e como artista. Passou a trabalhar com aquarelas, algo que desejava fazer havia muito tempo, mas "nunca tive tempo". Depois de três meses, o nódulo desapareceu e nos dez anos seguintes não foram notados quaisquer sintomas. Ela diz que sua vida é plena e rica "e sempre há tanta coisa a se aprender"*.

---

* Os psicoterapeutas que desejarem uma análise mais profunda sobre esta tendência ao desespero podem ler meu artigo "A Psychological Orientation Associated with Cancer", in *The Psychiatric Quarterly*, n° 3 (1971): 141.

Em algumas das outras pessoas com câncer, o desespero parecia tão profundo e difuso, que nada que eu pudesse ter feito conseguiria enfraquecê-lo, e elas não eram capazes de superá-lo por si mesmas. Uma destas pessoas foi Roslyn.

Durante sua adolescência, fora profundamente idealista. Compadecia-se dos famintos e oprimidos de todo o planeta. Trabalhava em organizações que se dedicavam a boas causas, era voluntária de uma instituição educacional em Nova York e, finalmente, decidiu que poderia praticar o bem ensinando crianças.

Enquanto freqüentava a faculdade, tornou-se consciente da grande promessa de paz, segurança econômica e esperança oferecidas pelo marxismo. Associou-se ao Partido Comunista, pois ele, assim lhe parecia, era o único que trabalhava ativamente pelos famintos e sem lar, e também lhes oferecia um projeto para o futuro.

No partido, era dedicada e ativa. Com seu grande idealismo, nunca permitiu que suas crenças políticas entrassem na sala de aula, pois sentia que não pertenciam àquele lugar; porém, depois do expediente trabalhava muito, fazendo todo tipo de coisas, desde distribuir folhetos até a intervenção ativa a favor de projetos de lei específicos. À noite, disse ela, "nunca conseguia dormir sem ter lido o *New Masses* [o jornal diário comunista da época] e descobrir a verdade sobre o que acontecia no mundo". Muito idealista para ascender na hierarquia do partido, ela foi um de seus membros mais fiéis e dedicados.

O partido constituía o contexto total e o centro de sua vida. A esperança futura do comunismo oferecia significado a tudo o que ela fazia. Roslyn e seu marido, também membro do partido, haviam desejado ter filhos, mas desistiram da idéia, pois estavam muito ocupados trabalhando para o partido, e sentiam que não teriam tempo e energia necessários para criar filhos adequadamente e lhes dar o amor de que iriam necessitar. Sabiam que freqüentemente eram seguidos por agentes do governo, que seu telefone muitas vezes era grampeado, que existiam muitos caminhos profissionais fechados para eles — e tudo isso fazia parte de sua vida diária e do sofrimento que aceitavam, em função das metas futuras para a raça humana.

O marido de Roslyn, homem tranqüilo, sério, diretor de uma escola, foi incluído na lista negra e perdeu o emprego durante a época de McCarthy. Depois disso, passou muitos anos sem trabalhar, cuidando da casa enquanto ela os sustentava financeiramente. Ela amava seu trabalho como professora na escola maternal, bem como os pequeninos de quem cuidava.

No início da década de 60, tornou-se possível realizar um sonho muito antigo e fazer sua primeira visita à União Soviética. Lá, onde o comunismo existia havia mais de quarenta anos, ela poderia verificar os frutos de todo o seu trabalho, em pleno apogeu. Sabendo que iria fazer a viagem, começou a estudar russo dois anos antes. Quando estava pronta para viajar, essa mulher muito inteligente e capaz falava russo fluentemente.

Roslyn permaneceu seis semanas na União Soviética, a maior parte do tempo visitando escolas e jardins-de-infância, pois estes eram seu maior interesse e sua área de treinamento. Ficou horrorizada com o que encontrou. A severidade com que as crianças eram tratadas, a lavagem cerebral política, a promoção de professores e administradores baseada em sua participação no partido e na sua ortodoxia e não em sua capacidade e envolvimento com o que era melhor para as crianças, a diferença com que as crianças eram tratadas, dependendo da classe social dos pais; todas essas coisas não passaram despercebidas aos seus olhos treinados e experientes. Quando voltaram para casa, ela e o marido estavam "angustiados — era como se nossas vidas e sofrimentos tivessem sido desperdiçados".

Ela abandonou o Partido Comunista e desistiu de toda a atividade política. Todos os seus amigos mais íntimos tinham sido membros do partido e, agora, nenhum deles falaria com ela. Continuou a dar aulas, e o marido encontrou um emprego administrativo em uma escola particular. "Mas a essência de nossas vidas se fora." Citei uma frase do discurso de Péricles, para os pais de um jovem morto em batalha: "É como se a primavera tivesse abandonado o ano". Ela disse: "É exatamente assim que nos sentíamos".

Três meses depois, diagnosticaram um câncer em seu seio, que rapidamente se desenvolveu e se espalhou para os pulmões. Ela faleceu um ano após ter voltado da União Soviética.

6

A ABORDAGEM HOLÍSTICA DA SAÚDE

... [Entre os gregos] médicos ilustres dizem a um paciente que chega com os olhos enfermos que não podem curar apenas seus olhos, mas que, se desejam curar seus olhos, a cabeça deve ser tratada; e, então, dizem novamente que pensar em se curar apenas a cabeça, sem curar também o resto do corpo, é o cúmulo de insensatez. E, assim, utilizam esses métodos no corpo inteiro e tentam tratar e curar, simultaneamente, o todo e suas partes...
[Entretanto, os médicos da Trácia criticam esse procedimento dizendo que, até onde sabem, eles estão corretos, mas] que você não deve tentar curar os olhos sem curar a cabeça, ou curar a cabeça sem curar os olhos, nem deve tentar curar o corpo sem curar a alma, e esta... é a razão por que a cura de tantas doenças é desconhecida para os médicos de Hélade, porque eles ignoram o todo, que também deve ser estudado; pois as partes não podem ficar bem a não ser que o todo esteja bem.

PLATÃO, Charmides (tradução de Jowett)

Tom era um executivo de meia-idade, muito bem-sucedido. Ele ingressara havia dezessete anos na atual firma em que trabalha, tendo como meta chegar à presidência da companhia. Agora, haviam lhe prometido que seria promovido a este cargo dentro de um ano. O centro de seu mundo era o trabalho no qual, aparentemente, estava muito bem. Estava casado havia quinze anos com uma profissional ambiciosa, inteligente e elegante que atuava numa área semelhante à sua. Ambos adoravam esquiar e regularmente viajavam nas férias para a Suíça e Sun Valley. Ele descreveu seu casamento como "Ok, sem problemas", e ela concordava com essa opinião.

Dois meses antes de assumir o novo cargo, surgiram alguns sintomas que o levaram a procurar seu médico, que diagnosticou a doença de Hodgkin, que evoluiu rapidamente. (Naquela época a doença de Hodgkin era invariavelmente considerada fatal, segundo a opinião dos médicos.)

Na mesma ocasião, como parte de minha pesquisa, eu rotineiramente entrevistava um em cada quatro pacientes no serviço de ambulatório. Durante a primeira entrevista, Tom contou-me que sentia que seu câncer "tinha algo a ver com minhas emoções, talvez tivesse sido provocado por elas". (Descobri que os pacientes com câncer muitas vezes apresentavam essa idéia, se sentissem que seu ouvinte poderia ser receptivo, embora ela fosse então quase desconhecida nos círculos médicos. Lembrei-me da afirmação de John Dewey, de que a pessoa que está calçando o sapato sabe onde ele aperta.) Perguntei-lhe se gostaria de iniciar um programa para explorar essa idéia. Ele concordou, e assim iniciamos a psicoterapia.

Entre as primeiras coisas que surgiram na terapia foi a descoberta de que ele era especialista (entre outras coisas) em acumular informações. Quando percebeu o quanto confiara na opinião e no conhecimento de outros a respeito de seu estado de saúde, ele pareceu surpreso. Então, procurou uma biblioteca médica e aprendeu tudo o que pôde sobre a doença de Hodgkin. Não gostando nem um pouco dos resultados obtidos pela medicina, começou a acrescentar outras abordagens à radiação prescrita por seu médico. Um osteopata que ele consultou recomendou-lhe que continuasse a radiação e prescreveu uma série de sessões de manipulação osteopática. Tom contou que elas fizeram com que ele se sentisse muito melhor e que parecia ter muito mais energia do que anteriormente.

Depois procurou um nutricionista. Naquela época, era difícil encontrar alguém que possuísse o equilíbrio necessário de bom senso, treinamento e experiência com doenças fatais, mas, depois de algum tempo, Tom conseguiu encontrar. Ele iniciou uma severa dieta vegetariana com muitos complementos vitamínicos e sais minerais. Atualmente, sua dieta não seria recomendada por muitos nutricionistas, mas na época foi a melhor que pôde encontrar.

No decorrer da psicoterapia, rapidamente tornou-se visível para Tom que seu casamento era uma linda concha vazia. Eles *gostavam* um do outro e haviam planejado um "agradável" *modus vivendi*. Tanto ele quanto a esposa haviam aceitado algo muito longe do ideal. Realmente havia pouca coisa para mantê-los juntos, a não ser o hábito e a crença que ambos pareciam compartilhar, de que nada melhor seria possível. Começamos a explorar a profunda desesperança e desespero de Tom de jamais conseguir relacionamentos verdadeiramente significativos. Em determinado momento, ele me disse: "Você sabe, doutor, é como uma casa sem isolamento térmico. Independentemente da quantidade de calor que você coloca nela, você não consegue se aquecer, pois isso você só consegue se um pouco do calor refletir de volta para você. Sempre soube que isso acontecia em minha vida. Por mais que tentasse, por mais que emanasse calor, jamais seria capaz de me sentir aquecido". Trabalhar esse desespero, que se originava da infância, foi uma tarefa longa e dolorosa.

Quando começou a perceber como emocionalmente aceitara tão pouco e como era possível obter muito mais, ele e a esposa começaram, pela primeira vez, a conversar sobre o casamento. Procuraram um conselheiro matrimonial e tiveram diversas sessões com ele. Então, subitamente, foi oferecida à sua esposa uma excelente promoção, mas ela teria que se transferir para San Francisco. Isso pareceu resolver o problema para os dois. Eles se divorciaram amigavelmente e ambos pareciam muito aliviados com essa solução.

Durante algum tempo depois do divórcio, Tom sentiu que não desejava outros relacionamentos, a não ser os que tinha em seu trabalho. Naturalmente discutimos essa questão nas sessões de psicoterapia, explorando o medo oculto por trás dessa atitude. Logo ele começou a encontrar diversas mulheres. Depois de mais ou menos um ano, um desses relacionamentos evoluiu, transformando-se num romance e depois em casamento. A segunda mulher era muito mais calorosa, aberta e amorosa. Um dia, lembrei Tom de seu comentário sobre a casa sem isolamento térmico. Ele pensou um pouco, sorriu, e retrucou: "Sinto-me muito mais aquecido agora".

Durante a psicoterapia exploramos também um pouco o trabalho de Tom. Ele percebeu que o cargo que almejara durante todos aqueles anos parecia um beco sem saída. O que ele realmente apreciava era o desafio e o estímulo de novos problemas a serem solucionados de maneira diferente e criativa. Assim que solucionava, algumas vezes, o ciclo de problemas apresentados por um novo trabalho, sentia-se entediado com o que lhe parecia rotineiro. Um novo trabalho era inicialmente fascinante e depois tornava-se uma rotina aborrecida que ele executava enquanto esperava para seguir adiante. Assim que se tornasse presidente da companhia, não haveria nenhum lugar para onde se dirigir. Ele pressentia que ficaria "todo elegantemente vestido, sem nenhum lugar para ir. Jamais!".

Além disso, tinha consciência de que mesmo a promessa do alto cargo em sua atividade, com seu reconhecimento implícito, na verdade não o satisfazia. Ele sabia que estava perdendo algo em sua vida e que sempre soubera disto e havia, sem estar muito consciente de fazê-lo, contado com o trabalho "certo", a promoção máxima, para resolver seus sentimentos interiores de insatisfação consigo mesmo. Quando discutimos que os problemas interiores devem ser resolvidos em sua própria esfera, que seja lá o que aconteça no mundo exterior não os soluciona, ele citou a canção "O Lamento de Adelaide", da comédia musical de Frank Loesser, *Guys and Dolls*. Nela, Adelaide conta como apanhava um resfriado sempre que seu casamento era adiado e que podia tomar todos os remédios, "mas o remédio jamais chega sequer perto de onde o problema está". Concordamos que isso também era verdade em seu caso.

Quando Tom começou a compreender seus sentimentos com relação ao trabalho, considerando-o um beco sem saída, ele também percebeu a ilusão da fantasia. Os diretores da empresa haviam lhe prometido aquele cargo devido à sua capacidade de tomar decisões inovadoras. Eles *queriam* que ele conduzisse a companhia em novas direções, e sua contratação era sem limites. Seus patrões obviamente esperavam que ele continuasse a ser criativo e levasse a companhia a progredir através de novos caminhos. Ao perceber isso, o desespero de Tom com relação ao trabalho começou a desaparecer.

A semelhança entre a desesperança que ele sentira a respeito de sua vida profissional e emocional e o súbito surgimento de uma doença fatal me fez lembrar de uma afirmação de Jung: "Quando uma condição interior não se torna consciente, exteriormente ela se manifesta como obra do destino". Tom pensou a esse respeito durante algum tempo e então concordou, numa aceitação total e muito triste.

Continuei lhe mostrando que estava indo maravilhosamente bem nas áreas de sua vida diretamente relacionadas ao processo psicoterapêutico, mas que havia duas outras áreas com as quais não se preocupara — a física e a espiritual. Se ele desejava que o tratamento tivesse uma abordagem holística à saúde, precisava trabalhar também essas áreas. A nutrição e a medicina faziam parte da esfera física, mas era necessário mais. Ele também precisava de um programa de atividade física que fosse certa para *ele* agora, neste estágio de seu desenvolvimento. Ele experimentou alguns tipos de exercício, checando cada um deles com seu oncologista. Associou-se a um clube onde havia muitos tipos de atividade que iam da ioga ao judô. Tentou diversas, na esperança de encontrar uma na qual se sentisse bem e que ajudasse a melhorar seu bem-estar físico. Finalmente, descobriu que a natação era exatamente o que desejava. Todas as manhãs, bem cedo, ia ao clube quando a piscina estava vazia e lentamente dava muitas braçadas, com sua mente concentrada apenas na natação. Geralmente, saía da piscina sentindo-se "leve", "bem ajustado", calmo e cheio de energia.

Ao compreender (apenas intelectualmente ainda) que não estava manifestando ou nutrindo o lado espiritual de sua natureza, e isso para ele era uma carência real, Tom começou a experimentar e a descobrir esse lado de si mesmo. Através de nossas discussões, ele sabia que nosso lado espiritual precisa ser nutrido de duas maneiras. Primeiro, e possivelmente de menor importância para os ocidentais, através de uma das difíceis disciplinas de meditação ou orações. Segundo, através de um trabalho ativo que mostre nossa preocupação, não somente conosco e com nossa família, mas com os outros, com nossa espécie, ou com o nosso planeta.

O programa de meditação escolhido foi uma técnica oriental que incluía exercícios respiratórios. Tom começou a praticá-la regularmente durante meia hora por dia. Descobriu que nos dias em que meditava se sentia mais vigoroso e menos "agitado" durante todo o dia, mais à vontade consigo mesmo e com os demais.

Um ano após ter iniciado a meditação, ele recebeu um cliente, que certa tarde foi a um encontro da Associação Americana para as Nações Unidas. Tom o acompanhou, ficou interessado, e agora é diretor sênior da sede local e atua em diversos comitês nacionais.

A doença de Hodgkin reagiu bem ao programa de radiação, e os tumores regrediram. Durante seis meses eles não tornaram a surgir. Naquela época Tom se submeteu a um novo programa de radiação e os tumores novamente desapareceram. A partir daí, há mais de vinte anos, eles não reapareceram. Tom mudou sua dieta, seu programa de exercícios e de meditação diversas vezes. O que é certo para nós em determinado estágio de nosso desenvolvimento pode não ser em outros. Trabalhou no cargo a que fora promovido durante mais ou menos oito anos e então foi para outra companhia, com um salário mais elevado. Ele gosta de seu trabalho. Seu casamento é bom e ele tem dois filhos. Tom classifica sua vida como "variada, excitante e fascinante. O único problema é que o dia tem só vinte e quatro horas e eu preciso de umas trinta e seis para fazer todas as coisas de que gosto".

A maneira de Tom lidar com sua enfermidade ilustra uma nova abordagem à saúde e à doença, que surgiu no cenário médico nos últimos vintes anos. Esta abordagem está crescendo muito rapidamente e granjeando uma repercussão cada vez maior dentro dos conceitos e técnicas da medicina. Geralmente, é chamada de *medicina holística* ou *saúde holística*. Para que possamos compreender e utilizar essa abordagem, é necessário, em primeiro lugar, nos referirmos um pouco à sua história.

Desde a época clássica dos gregos, existem dois pontos de vista básicos na medicina ocidental. O primeiro (a visão "alopática") afirma que o médico deve ser alguém que trabalha ativamente contra a doença, que intervém eficazmente com as ferramentas disponíveis — cirurgia, substâncias químicas, e assim por diante. A segunda (a visão "naturopática") afirma, ao contrário, que o médico deve ser alguém que colabora com os poderes naturais de cura do corpo e, ao fortalecê-los e apoiá-los, ajuda o paciente a tornar-se saudável.

Nenhum desses pontos de vista jamais chegou a extremos radicais (exceto em alguns grupos). Mesmo aqueles que têm uma visão naturopática mais radical sempre reconheceram que, se você está com uma artéria rompida jorrando sangue, não é hora para discutir estilos de vida, nutrição ou práticas espirituais — você precisa de alguém que intervenha eficazmente, com uma agulha e linha! Igualmente os partidários mais radicais da cirurgia e das substâncias químicas sempre souberam que o cirurgião não pode curar a ferida cirúrgica; tudo o que ele pode fazer é cuidadosamente unir, o quanto possível, as bordas, manter o ferimento inteiramente limpo e deixar que a capacidade natural de auto-renovação do paciente realize a cura.

Contudo, a despeito disso, existem diferenças reais com relação à sua importância, em diferentes períodos e lugares, e isso conduziu a uma grande divergência quanto aos métodos da medicina.

Nos tempos dos romanos, o conflito entre aqueles que acreditavam nos poderes de cura do corpo e na colaboração conjunta (os hipocráticos) e os que acreditavam que essa abordagem passiva era inútil, uma simples "contemplação da morte", e que era necessária uma intervenção ativa (os seguidores de Asclépio de Bitínia), tornou-se maior do que jamais fora anteriormente, provocando violentas discussões e insultos de ambos os lados.

A idéia sobre a importância dos poderes restauradores e de autocura do corpo não se perdeu após o período clássico, mas foi típica do método medieval. Assim, de acordo com a teoria dos humores (a teoria médica aceita naquele período), acreditava-se que a doença era ocasionada pelo excesso de um dos quatro tipos de fluido do corpo e que, quando isso acontecia, determinadas habilidades de autocura do corpo entravam automaticamente em ação. Por exemplo, as habilidades aumentavam a temperatura do corpo para "cozinhar" o excesso de fluido cru, separando, então, as partes cozidas das não cozidas. Os médicos *colaboravam* com essas habilidades auto-restauradoras oferecendo bebidas quentes e aquecendo externamente o paciente para ajudar o cozimento. Então, eles ajudavam o corpo a eliminar o excesso de fluidos cozidos, administrando purgantes, eméticos, e realizando sangrias. Assim, do ponto de vista medieval, toda doença era um processo que os médicos podiam ajudar a regularizar, ao colaborarem com as habilidades de autocura do paciente. Entretanto, ao fim do período medieval, houve uma gradativa mudança nesse conceito. No início do século XVIII, a opinião médica em toda a Europa e América era principalmente a favor da intervenção ativa. Os médicos consideravam seu dever lutar contra o processo da doença. Contudo, seu conhecimento e ferramentas eram tão escassos e ineficazes como sempre; nem eles, nem aqueles que adotaram os métodos "naturais" de cura conseguiam fazer muita coisa. Nenhuma escola sabia muito e, o que era pior, a maior parte daquilo que tinham certeza de que sabiam estava errada. Ambos matavam centenas de milhares de pessoas. Os "naturopatas" provavelmente obedeciam mais à "primeira lei" de Hipócrates (*"Primum non nocere"*: "Acima de tudo, não prejudicar"), pois agiam menos agressivamente e seus remédios eram mais fracos. Talvez por essa razão, no início de 1800, a opinião pública começou a simpatizar com sua teoria.

De um lado estava o Movimento Popular de Saúde (MPS) e do outro, os médicos ortodoxos. O MPS utilizava principalmente remédios feitos de plantas e ervas e atacava os médicos tradicionais por seus tratamentos "bárbaros", seus honorários e sua "arrogância". Eles procuravam "devolver a medicina para as pessoas", "transformar cada homem em seu próprio médico". Politicamente, atuavam através das "Sociedades Botânicas Unidas de Samuel Thompson". Em oposição a eles, estavam muitos médicos importantes como o francês F. J. U. Broussais, que acreditava que somente medidas ativas poderiam curar as doenças, uma vez que o corpo não possuía poder natural de cura. Na realidade, o MPS e seus aliados foram tão bem-sucedidos que nos Estados Unidos, Estado após Estado, revogaram suas leis de licenciamento de médicos, e por volta de 1849 apenas Nova Jersey e o distrito de Colúmbia ainda tinham tais leis em seus registros. Em qualquer outro lugar, qualquer pessoa tinha a liberdade de pendurar uma tabuleta e dedicar-se à prática da medicina. A medicina tradicional, agora conhecida como medicina "alopática", parecia destinada à derrota e a bater em retirada.

Contudo, foi nessa época que a medicina realizou os dois maiores avanços de sua história: a teoria dos micróbios e a aliança com a química. Delas originou-se não apenas a cirurgia anti-séptica e indolor, como também todas as principais doenças fatais ficaram sob controle. O cólera, a peste negra, a febre amarela e outras doenças devastaram a raça humana desde seu surgimento, destruindo civilizações e repetidamente modificando o curso da história. Agora, não era mais necessário temê-las. Com essa vitória, o pêndulo oscilou novamente para o extremo oposto, e a medicina tradicional adquiriu maior autoridade e prestígio do que em qualquer período anterior. A medicina naturopática passou a ser considerada uma área de atuação de charlatães e primitivos. As habilidades de autocura do corpo foram esquecidas.

A abordagem mecanicista radical desenvolvida pela medicina tradicional funcionava bem para as principais doenças contagiosas fatais, mas não tão bem para as doenças degenerativas como o câncer, o lúpus, ou diversos problemas cardíacos. Por esse motivo, principalmente, há alguns anos, surgiu uma nova teoria. Esse conceito — medicina holística — apresenta, pela primeira vez em nossa história, uma *integração* das duas abordagens, apreendendo o que cada uma delas tem de melhor e utilizando-as numa combinação que as fortalece.

A medicina holística é um conjunto de conceitos, não um conjunto de técnicas. Ela se fundamenta em quatro axiomas básicos, quatro idéias que, unidas, formam um todo coeso.

1. O ser humano existe em muitos níveis, e todos são igualmente reais e importantes. Os níveis físico, psicológico e espiritual são válidos para descrever a pessoa, e nenhum deles pode ser considerado menos importante do que os outros. Para sermos bem-sucedidos na busca pela saúde, todos eles devem ser tratados. Se desejamos conservar a saúde, devemos cuidar e cultivar cada um deles.

2. Cada pessoa é única. Um programa de tratamento válido, quer focalize principalmente a nutrição, a meditação, a quimioterapia ou os exercícios, deve ser individualizado para cada ser. De acordo com esse conceito, a abordagem padronizada não é válida.

3. O paciente deve fazer parte da equipe de decisões. Proporciona-se conhecimento e autoridade a toda pessoa que faz parte de um programa de saúde holístico, se ele ou ela aceitar.

4. A pessoa possui habilidades de autocura. Seguir os três primeiros axiomas é uma forma de ajudar a mobilizar essas habilidades, fazendo com que auxiliem o programa médico tradicional*.

---

* Discuti em detalhes a história e o conceito de saúde holística e os quatro axiomas em que ele se baseia em meu livro *The Mechanic and the Gardener: How to Understand and Use the Holistic Revolution in Medicine* (Nova York, Hol, Rinehart & Winston, 1982).

Examinando o caso de Tom, podemos ver como esses quatro axiomas foram seguidos. Sua busca pela saúde foi realizada nos níveis físico, psicológico e espiritual. Em cada nível, o trabalho foi bastante individualizado — ele tomou a principal decisão depois de obter o máximo de informações. Suas habilidades de autocura foram mobilizadas e vieram em auxílio do programa de radiação.

Vamos examinar mais detalhadamente os quatro axiomas.

O ser humano existe em muitos níveis. O nível espiritual não pode ser reduzido ou explicado em função do psicológico, nem o psicológico, em função do físico. Cada um deles é igualmente válido e deve ser considerado dentro de seus termos. No nível físico, temos a nutrição, a medicina e a cirurgia, e os programas de exercícios e atividades. No psicológico, lidamos e tentamos melhorar seu funcionamento nas áreas em que o psicoterapeuta desenvolve seu trabalho: sentimentos e reações ao eu, aos outros, e ao mundo físico do qual fazemos parte.

O nível mais difícil de se definir tem sido o "espiritual". Esta palavra significa tantas coisas para tantas pessoas, que há muita confusão a seu respeito. Para podermos trabalhar eficientemente nessa área, precisamos definir o termo, abrangendo dois tipos de ação: o meditativo e o estar-no-mundo. O primeiro, meditativo, consiste em uma das práticas rigorosas e disciplinadas de oração e meditação, que levam a pessoa a ter consciência de que é parte do universo total e não pode estar significativamente separada dele; levam-na também a compreender que seus sentimentos de solidão, alienação dos outros e separatividade, em parte não passam de ilusão. Não importa muito se a denominamos "consciência cósmica", "consciência cristã", "satori", ou qualquer outra coisa. Essa é uma abordagem e um complemento daquela parte do eu que tem sido reconhecida e ensinada em todas as culturas que conhecemos.

O segundo aspecto relaciona-se particularmente aos ocidentais, uma vez que a ênfase ocidental ao crescimento espiritual tem sido sempre focalizada naquilo que você faz e não naquilo que sente. Estamos preocupados com ação. Não considero encerrado meu trabalho com um paciente até que ele esteja empregando algum tempo e energia, demonstrando que se preocupa com algo mais do que o eu e sua família. Tenho pacientes antigos trabalhando nos Big Brothers, Big Sisters, organizações de paz e ecológicas, na Fortune Society e outras áreas semelhantes. São João da Cruz escreveu: "Se você estivesse em um transe tão profundo quanto o de São Paulo e um homem doente precisasse de um prato de sopa, seria melhor para você se saísse do transe e lhe trouxesse a sopa em nome do amor". No Ocidente, sempre fomos claros a respeito de nossas prioridades no desenvolvimento espiritual.

Aqui, é necessário acrescentar uma coisa muito importante. Existem muitas pessoas com câncer que dedicaram muito tempo e energia cuidando dos outros e cuidando muito pouco de si mesmas. *Não é disso que estamos falando.* Antes de protegermos e cultivarmos os outros, precisamos aprender a fazê-lo para nós mesmos. Aqui, a escolha do momento é crucial.

É fundamental que a pessoa aprenda primeiro a cantar sua própria canção e depois, como parte de suas necessidades humanas, encontre uma maneira de manifestar sua preocupação com os outros ou com toda a raça humana. Apenas dessa maneira podemos agir e viver como um todo coeso, fortalecendo e mobilizando nossa capacidade de autocura e auto-renovação. Se estivermos em primeiro lugar para nós mesmos, e tocando nossa própria música na maneira de sermos, de nos relacionarmos, criarmos, então podemos descobrir que nos preocupamos com os outros, não como substitutos para a atenção que deveríamos dar a nós mesmos, mas por razões egoístas. A exigência de expressar as necessidades espirituais tem sido parte do ser humano em todas as culturas que conhecemos. Ela foi manifestada em toda a história da humanidade, quando as pessoas sacrificavam o bem-estar físico pela realização espiritual. Sabemos que a parte espiritual é uma parte real de todos nós. Quando temos câncer e precisamos de *todos* os elementos que nos compõem para auxiliar nossa luta em busca da saúde, não podemos ignorar nenhum de nossos níveis. Eles são partes essenciais do ser humano e não podem deixar de ser cultivados, se desejarmos ajudar a atuação de nosso sistema imunológico.

O segundo axioma da medicina holística é que cada pessoa é única e cada programa deve ser individualizado. Assim como não existe um tempo de duração correto para uma sessão de terapia ou o relacionamento certo entre paciente e psicoterapeuta, não existe a dieta certa ou o programa correto de exercícios ou a quantidade e padrão corretos de administração de medicamentos que se aplique a todas as pessoas com os mesmos diagnósticos. Cada pessoa deve ser tratada como um indivíduo e determinar, em grande parte por suas próprias reações, a melhor abordagem ou processo para ela. Como disse Francis Bacon: "Há uma sabedoria nisso, que ultrapassa as regras da medicina: as próprias observações de um homem, o que ele acha bom e o que ele acha ruim, é a melhor medicina para preservar a saúde".

Os grandes mestres do desenvolvimento espiritual do Ocidente sempre compreenderam que no desenvolvimento físico e espiritual existe um caminho diferente para cada pessoa*.

---

* O fundador do atual misticismo chassídico, Ba'al Ihem Tov, expressou-se assim: Todo homem deveria saber que, desde a Criação, nenhum outro homem jamais foi igual a ele... De cada um foi exigido que aperfeiçoasse suas qualidades únicas".

Em sua autobiografia, Santa Teresa de Lisieux escreveu a respeito dos problemas de ser um guia espiritual:

> *Sei que parece fácil ajudar as almas, fazê-las amar a Deus acima de todas as coisas e moldá-las de acordo com Sua vontade. Mas na realidade, sem Sua ajuda, é mais fácil fazer com que o sol brilhe à noite. Precisamos esquecer nossas inclinações especiais e idéias pessoais e guiar as almas pelo caminho especial que Jesus indica para elas, e não ao longo de nosso próprio caminho particular.*

Quando pediram ao Profeta de Lublin para citar uma maneira universal de servir a Deus, ele respondeu:

> *É impossível dizer aos homens qual o caminho que devem seguir. Pois um dos caminhos para servir a Deus é através do aprendizado, outro através das orações, outro através do jejum e outro ainda através da alimentação. Todos deveriam observar cuidadosamente e descobrir o caminho para o qual seu coração o atrai, e, então, escolher esse caminho com toda a sua energia.*

De maneira semelhante, o rabino Nachman de Bratislava escreveu: "Deus chama um homem com um grito, outro com uma canção, outro com um sussurro".

É difícil avaliar a importância dessa questão. Estamos tão acostumados a acreditar que existe uma maneira correta de fazer as coisas, que os médicos automaticamente tendem a tratar os pacientes de acordo com esse conceito. Essa crença é reforçada pelos longos anos de educação médica, que enfatiza a existência de uma causa para cada doença e um procedimento correto a ser seguido para combatê-la.

Contudo, geneticamente somos tremendamente diferentes uns dos outros em nossa infância e experiência adulta do mundo, no grau e formas de nutrirmos ou reprimirmos nossas diferentes necessidades, na quantidade e formas de dirigirmos nossas energias para dentro ou para fora, em nossos medos de nós mesmos e dos outros, e no significado que encontramos para nossas vidas. Conhecer essas diferenças não é apenas de interesse teórico, mas crucial para trabalhar em todos os níveis de tratamento da doença e da procura pela saúde. Uma das razões por que um anestesista treinado é solicitado em qualquer importante procedimento cirúrgico é que cada pessoa reage diferentemente e, a não ser que desejemos que o paciente morra na mesa de operações ou acorde gritando no meio da cirurgia, precisamos monitorar o anestésico e regular sua quantidade constantemente durante toda a operação. A medicina tradicional aprendeu isso da maneira mais difícil, quando começou a utilizar anestésicos. A despeito das cuidadosas tentativas de antever o que um paciente *desta* idade e *deste* peso e *nesta* condição iria necessitar, muitos pacientes realmente acordaram gritando sob o bisturi ou morreram por excesso de dosagem. Infelizmente, a medicina tradicional tem sido muito lenta para aplicar a lição em outras áreas. Contudo, atualmente, um médico responsável utiliza essa lição em muitas situações clínicas. Se um paciente necessita de um tranqüilizante, o médico não escolherá aquele que é mais popular na classificação desejada, mas fará a prescrição cuidadosamente para aquele paciente em especial, e depois controlará seu efeito a intervalos regulares. Ele sabe que não existem duas pessoas que reajam igualmente à interferência química de um mesmo medicamento.

Sara, uma mulher de quase cinqüenta anos, atingira uma posição muito elevada em relações públicas. Ela não gostava de seu trabalho, mas sentia ser impossível desistir de seu sucesso. Seu casamento era, em suas palavras, "amigável", mas nele havia pouco amor ou entusiasmo. Era um relacionamento rotineiro entre duas pessoas que aprenderam a se "acomodar", mas isso era tudo. Não tinham filhos.

Alguns sintomas abdominais levaram-na a fazer um exame médico, no qual foi diagnosticado um câncer no estômago, com metástases. Recomendaram-lhe um programa de quimioterapia, porém com pouco otimismo. O prognóstico era considerado insatisfatório. Disseram ao marido que ela passaria por um declínio muito rápido e provavelmente iria morrer em dezoito meses.

Seu marido, que respeitava a esposa como uma pessoa adulta, atendeu ao seu pedido de saber *toda* a verdade e disse-lhe exatamente o que o oncologista lhe revelara. Sara então decidiu que o esquema do programa médico não parecia promissor para que se submetesse a ele, particularmente porque os efeitos colaterais provavelmente seriam muito severos.

Ela decidiu planejar seu próprio programa baseando-se em todas as fontes disponíveis, e começou inicialmente a buscar tratamentos alternativos para o câncer. Decidiu que, uma vez que não possuía treinamento para avaliar os aspectos bioquímicos e celulares dos diversos programas de tratamento, empregaria todos os seus anos de experiência nos negócios para avaliar a pessoa responsável por cada um deles. Encontrou e conversou com dezenas de médicos que estavam utilizando métodos alternativos e escolheu aquele que lhe pareceu possuir maior capacidade. (Todos eles pareciam pensar que as afirmações de sucesso e personalidade eram os únicos indicadores que ela consideraria adequados.)

Sara reputou seu tratamento médico como a pedra fundamental de sua abordagem ao câncer, mas sentia que ainda não era o suficiente. Começou a investigar outras áreas de sua existência. Iniciou um programa de alimentação que lhe parecia sensato e que seu médico afirmou não haver contra-indicação. (Ele também afirmou que seria inútil e não lhe traria nenhuma melhora, mas ela ignorou sua opinião, pois ele não possuía nenhum conhecimento dessa área.) Investigando programas de exercícios e atividades, ela foi incapaz de seguir sua primeira escolha — dança folclórica — devido à sua doença, mas encontrou muita satisfação em aulas de percepção sensorial, que freqüentava duas vezes por semana (método de Gindler). Começou a sentir-se mais à vontade em seu corpo e mais ligada a ele do que jamais se sentira anteriormente. Passou a estudar uma forma de meditação e meditava duas vezes por dia, durante vinte minutos cada vez. Sara iniciou a psicoterapia com um terapeuta cuja orientação visava auxiliar os pacientes a descobrirem o que era "certo" para eles (quais as maneiras de ser, de se relacionar e criar, na qual encontrariam total alegria, prazer e serenidade) e o que estava bloqueando suas emoções, em vez de descobrirem o que estava "errado" com eles. Como resultado da terapia, Sara decidiu que um excelente salário e muito prestígio não eram um retorno suficiente para passar quarenta de suas melhores horas a cada semana em um trabalho que odiava. Ela se demitiu e iniciou uma nova carreira (em orientação pessoal), da qual gostava muito. Em lugar de temer cada novo dia, Sara descobriu que estava feliz ao se levantar todas as manhãs e ir para o escritório. Ela ganhava muito menos do que antes, mas estava apreciando muito mais sua vida.

Duas tardes por semana, ela trabalha como voluntária na Fortune Society, um grupo dedicado a ajudar ex-presidiários a refazerem suas vidas. Ela ensina a ler e treina grupos de membros que se candidatam a empregos em escritórios ou que iniciam o trabalho, mostrando-lhes como se comportar em um escritório, como se vestir, relacionar-se e assim por diante. Ela adora seu trabalho e diz: "Ele supre uma parte de mim mesma que eu jamais soube que existia". Muitos outros que começaram o trabalho voluntário pela primeira vez dizem algo semelhante.

À medida que Sara começou a progredir e mudar, insistiu que o marido também mudasse. Após algumas reclamações, ele começou a fazer psicoterapia. Enquanto ambos cresciam emocionalmente, descobriram que gostavam mais um do outro. (Seu relacionamento, naturalmente, poderia ter seguido outro caminho e terminado em divórcio.) O casamento melhorou consideravelmente e, pela primeira vez, tornou-se intenso e vital.

No ano seguinte ao início do programa médico, os tumores de Sara regrediram. Seis anos depois, ela ainda está sem sintomas e os raios X não indicam sinais de câncer. Naturalmente, é inteiramente possível que ela tivesse reagido ao programa médico sem trabalhar outros níveis. Ela até poderia ter reagido ao programa de quimioterapia original, cujo resultado foi considerado tão pessimista por seu primeiro oncologista. Simplesmente, não podemos saber. Contudo, o que ela fez foi maximizar suas chances de reagir positivamente; abordou o problema em todos os níveis possíveis de sua existência e, assim, aumentou as possibilidades de mobilização total de suas potencialidades de autocura. Ela também melhorou muito a qualidade geral de sua vida e certamente tornou-a mais digna de ser vivida, pelo tempo que tivesse.

Ao tomar seu destino em suas mãos e planejar um programa único e individual de múltiplos níveis, Sara seguiu exatamente aquilo que atualmente consideramos o ponto de vista básico da medicina holística.

A percepção sensorial, a modalidade complementar que Sara utilizou na esfera corporal, é um método que nos torna *conscientes* de nós mesmos por meio de sensações físicas. Ao deitar-se, sentar-se, levantar-se, ou durante movimentos muito lentos, você tenta se tornar tão consciente quanto possível das sensações do corpo. Há uma concentração profunda, total e tranqüila, no que está acontecendo no corpo e na respiração. Você começa a compreender o quanto separou-se a si mesmo do corpo e de suas partes entre si. Sente que a falta de atenção às sensações corporais é um aspecto de fragmentação do eu e percebe até onde isso progrediu. Geralmente, você sai de uma sessão sentindo-se muito diferente (e muito melhor) física e emocionalmente do que ao entrar. O instrutor indica a parte do corpo a ser focalizada. À medida que você aproxima as divisões do eu, os abismos entre o eu e os outros, e entre o eu e o mundo físico do qual todos fazemos parte, tendem a diminuir. Essa forma ocidental de *hatha* (física) ioga foi desenvolvida na década de 1920 na Alemanha, por Elsie Gindler*.

A forma de meditação utilizada por Sara é amplamente divulgada hoje em dia. Ela envolve o uso de um *mantra*, um método muito antigo de meditação, no qual o indivíduo, tão fisicamente relaxado quanto possível, repete continuamente para si mesmo uma frase escolhida. Sempre que a mente vagueia, é gentilmente trazida de volta à repetição. A explicação clássica para a eficiência desse método é

---

* Os mestres desse método atualmente mais conhecidos são Charlotte Selver e Corolla Speads.

que a frase cuidadosamente escolhida tem um efeito positivo sobre o indivíduo para o qual foi escolhida. Teorias mais modernas sugerem que o ato de fazer apenas uma coisa de cada vez, envolvendo toda a pessoa em uma única atividade deliberadamente escolhida, é que proporciona o efeito desejado. Assim, alguns pesquisadores sugeriram que qualquer palavra ou frase simples (de preferência sem significado) teriam o mesmo efeito.

De qualquer maneira, se essa meditação for realizada conscientemente duas vezes ao dia, durante vinte minutos a cada vez, ela certamente tende a ter efeitos positivos sobre o meditador. Sentimentos de muita calma e a habilidade para enfrentar situações, assim como a normalização de variáveis como a pressão sanguínea e os níveis ácido-básicos sanguíneos, têm sido amplamente relatados.

Abraham Meyerson, um dos maiores psiquiatras americanos, costumava dizer em suas aulas: "Assim que você tiver decidido, baseado em uma longa experiência e teoria, que todos os pacientes que têm A também têm B, e que isso é absolutamente certo, pode ter certeza de que em três dias encontrará um paciente com A e sem o menor sinal de B. Isso irá acontecer. O único problema é que você estará muito cego para enxergar". Infelizmente, um grande número de profissionais de saúde de todos os tipos estão cronicamente cegos. Eles confiam tanto em suas teorias e experiência que são incapazes de notar diferenças individuais. Essa cegueira mata muitas pessoas.

(Muitos desses profissionais se defenderão, dizendo: "Tenho vinte anos de experiência nesta área e...". Naturalmente, o que eles realmente estão querendo dizer é: "Tive um ano de experiência, repetida vinte vezes, e não aprendi nada em dezenove anos!".)

O terceiro axioma é que o paciente, se ele aceitar, deve fazer parte da equipe de decisões. Um médico muito instruído, Marvin Meitus, com quem aprendi muito sobre medicina holística, comentou:

> *O paciente deve participar de seu tratamento. Ele deve ajudar a si mesmo para ficar bem. Participar é mais do que ingerir um comprimido todos os dias. Ele deve escolher uma dieta, exercícios, relaxamento, e assim por diante. Em breve você terá pacientes que não tomam mais comprimidos... A cura milagrosa ocorre quando o paciente ajudou-se curar a si mesmo... É mais importante o que você não faz para um paciente do que aquilo que você faz... Quando um paciente diz: "O que posso fazer para ajudar?", você se encontra diante de um dilema.*

Os pacientes são as autoridades máximas no que se refere às suas sensações. Eles conhecem os elementos de sua vida, sua cor e textura, melhor do que ninguém. O profissional possui uma visão mais ampla e é mais instruído do que os pacientes em muitos dos problemas e terapias relacionados à saúde. Trabalhando juntos, eles podem formar uma equipe eficiente e uniforme, mas somente os pacientes podem julgar como se sentem e a eficácia dos procedimentos. Eles estão sozinhos em suas vidas e a vivenciam diretamente. Mesmo dotado do melhor treinamento e empatia possível, o profissional ainda está muito distante.

Um programa para melhorar o autocuidado de pacientes com diabetes, na Universidade da Califórnia do Sul, resultou em uma redução de 50 por cento nas consultas em salas de emergência, uma diminuição no número de pacientes com coma diabético de 300 para 100, em um período de dois anos, e evitou 2 300 consultas para obter medicação. A economia foi estimada em 1,7 milhão de dólares.

Muitos outros estudos e experiências semelhantes demonstraram que, sem dúvida, os resultados médicos são muito superiores quando os pacientes fazem parte da equipe de decisões do que quando as decisões sobre saúde e doença são autocraticamente feitas por outra pessoa. Quando os pacientes estão envolvidos nas decisões, os resultados do programa mostram uma inclinação a ser acentuadamente melhores, apresentam menos efeitos colaterais negativos e os pacientes tendem a processar os médicos com menos freqüência!

O quarto axioma é que as pessoas possuem habilidades de autocura. Ao seguirmos os três primeiros axiomas, ajudamos a mobilizá-las, possibilitando que auxiliem o programa médico.

A importância de nossa capacidade de autocura talvez não tenha sido demonstrada tão nitidamente quanto nos trabalhos dos últimos anos realizados sobre o *efeito placebo*. Este termo é encontrado nos dicionários médicos desde 1811. Com freqüência, os pacientes que recebem placebo (uma substância que não tem nenhum efeito biológico — muitas vezes é utilizada a lactose) apresentam notáveis resultados positivos se eles, e o médico que administra o placebo, acreditarem que ele é um importante tratamento novo que com certeza resolverá o problema. A medicina havia considerado o efeito placebo como um estorvo, dificultando muito as pesquisas sobre novas drogas. Ignorá-lo retardou consideravelmente os avanços da medicina, de duas formas. Primeiro, o papel das atitudes do próprio paciente e do sistema de auto-renovação foram obscurecidos. Segundo, muitos medicamentos e procedimentos cirúrgicos foram utilizados e funcionaram bem até o momento em que o entusiasmo do médico diminuiu. Excelentes críticas sobre essa questão constam do *The Case for Unorthodox Medicine*, de Brian Inglis, e em *Persua-*

sion and Healing, de Jerome Frank*. Os parágrafos seguintes, do livro de Inglis, podem servir como exemplo:

> *No verão de 1962, foi publicado um relatório sobre um teste com três drogas utilizadas no tratamento da terrível dor paroxística conhecida como angina do peito: fosfato de iproniazida, considerado altamente eficaz, mas cujo efeito colateral danificava o fígado; a malamida, menos tóxica, contudo considerada muito menos eficiente; e o tranqüilizante meprobamato. Os três foram testados em experimentos duplo cego, com controles placebo, e um número maior de pacientes reagiu melhor ao placebo do que a qualquer uma das drogas. Os autores concluíram que os primeiros relatórios entusiasmados sobre a melhora, baseados em experiências não controladas, eram provavelmente devido às "mudanças temporárias na atitude mental dos pacientes envolvidos, ou às variações naturais dos sintomas". Esses testes causaram muita desilusão; e não apenas com respeito às drogas; se o efeito placebo era tão amplo, argumentavam os médicos, não poderia ser responsável pelo "sucesso" de tantas operações cirúrgicas? Muitas evidências foram reunidas para demonstrar que isso realmente acontecera. Na década de 1920, por exemplo, tornou-se moda tratar úlceras duodenais através da gastroenterestomia [sic]; cirurgiões famosos como W. J. Mayo, nos Estados Unidos, e Lord Moynihan, na Inglaterra, utilizaram amplamente esse procedimento. Parecia bastante sensato, pois abria uma comunicação entre o estômago e o intestino delgado, desviando o piloro onde as úlceras se originavam, "permitindo a liberação do conteúdo gástrico para o duodeno, que era seu lugar" (como descreveu um entusiasta), "e permitindo que o conteúdo duodenal alcalino voltasse para o estômago para a neutralização dos ácidos gástricos". A princípio, os relatórios eram uniformemente gratificantes: afirmava-se que cerca de 80 por cento dos pacientes operados, cinco anos depois, ainda estavam curados. Mas finalmente, facções hostis à operação relataram que a incidência de úlceras "marginais" após a operação tornou-se 33 por cento mais elevada; a cirurgia perdeu prestígio e até determinou-se que qualquer cirurgião que a utilizasse estaria sujeito a ser processado por negligência no exercício da medicina.*
>
> *A partir da década de 1920, muitas outras formas de tratamento de úlceras do estômago podem ter estado temporariamente em moda; mas existem boas razões para se acreditar que seu sucesso também tenha sido devido ao efeito placebo. Em seu livro Persuasion and Healing, o dr. Jerome Frank, do Johns Hopkins Hospital, ao relacionar muitos exemplos notáveis, incluiu o caso de um médico que utilizou o placebo em pacientes com úlcera péptica hemorrágica, e "70 por cento deles apresentaram excelentes resultados, que se prolongaram pelo período de um ano", após o médico haver-lhes aplicado uma injeção de água destilada, assegurando-lhes ser um novo remédio que iria curá-los. Por outro lado, um grupo de controle, "que recebeu a mesma injeção aplicada por uma enfermeira, com a informação de que era um medicamento experimental de eficácia não determinada, apresentou uma taxa de remissão de apenas 25 por cento", o que indica que, se a profissão médica tivesse sido favorável à exploração da sugestão, os pacientes com úlcera teriam apresentado melho-*

---

* Jerome Frank, *Persuasion and Healing* (Baltimore, Johns Hopkins Press, 1961).

*res resultados durante os últimos cinqüenta anos do que os apresentados por todos os tratamentos tentados — um veredicto que atualmente está ganhando aceitação oficial.**

O problema não é a existência ou não existência dos poderes individuais de autocura, mas, sim, como mobilizá-los e colocá-los em ação na busca pela saúde.

Naturalmente, não existem garantias de sucesso na recuperação do câncer. Nós não temos respostas definitivas. A abordagem holística à medicina realmente tende a mobilizar a capacidade de autocura da pessoa e, algumas vezes, isso representa uma diferença crucial. Mesmo quando ela não interrompe o avanço da doença, geralmente melhora a qualidade de vida da pessoa, durante o tempo que lhe resta. A história de um homem chamado Charles, com quem trabalhei, ilustra bem esse ponto.

Charles tinha 43 anos; era baixo e troncudo. Calado e reservado, apresentava-se sempre bem vestido. Jamais o vi sem uma camisa branca, gravata e um terno de estilo clássico. Era casado e tinha uma filha. Seu pai morrera de câncer no cérebro aos quarenta anos de idade, assim como seu avô, pai de seu pai, aos 51 anos. A história familiar de sua mãe não era significativa; a maior parte da família morrera por problemas cardíacos em idades bem avançadas. Encontrei-o pela primeira vez numa entrevista de rotina que eu realizava com pacientes de ambulatório. Ao final de nossa entrevista, descobrimos que simpatizávamos um com o outro. Ele desejava continuar a explorar e compreender um pouco de sua vida. Estabelecemos um programa de sessões de psicoterapia e trabalhamos juntos durante aproximadamente dois anos.

Charles era um engenheiro que trabalhava em projetos de maquinarias leves, para uma grande companhia. Ele "até que gostava" do seu trabalho, mas disse que sempre desejara ingressar no campo de planejamento de maquinarias mais pesadas. Interessava-se particularmente em projetar aparelhagens de dessalinização e sentia que estas seriam cada vez mais necessárias no próximo século. Tivera a idéia de projetar essa aparelhagem utilizando o calor climático natural e painéis fotelétricos. Com muito entusiasmo, disse-me que ninguém parecia ter percebido o fato de que a maior necessidade dessas aparelhagens encontrava-se em regiões de climas tropicais, onde o calor era muito forte. Sabia que esse projeto seria um trabalho difí-

---

* Brian Inglis, *The Case for Unorthodox Medicine* (Nova York, Putnam, 1967), pp. 43-44.

cil e demorado, mas sentia que ele seria fascinante. Quando lhe perguntei por que jamais tentara ingressar nesse tipo de trabalho, ou mesmo convencer sua companhia da viabilidade do projeto, ele me olhou em silêncio. Finalmente disse: "Há muito tempo eu me interesso por esse assunto, mas acho que jamais fiz qualquer coisa a esse respeito".

Mais ou menos aos 41 anos, ele começou a apresentar alguns sintomas estranhos. Algumas áreas de seus braços perdiam momentaneamente a sensibilidade e, algumas vezes, suas sensações se modificavam; por exemplo, coisas moles pareciam duras, e assim por diante. Sentia também súbitas perdas de equilíbrio, inexplicáveis para ele. Esses sintomas fizeram com que procurasse seu médico, que recomendou um minucioso exame neurológico. Diagnosticou-se um tumor cerebral solidamente arraigado. Estudos posteriores mostraram que o tumor era inoperável. A quantidade de radiação necessária em seu caso provocaria danos cerebrais intoleráveis. Naquela época, início dos anos 70, não havia nenhum tipo relevante de quimioterapia disponível. O prognóstico foi extremamente negativo.

Na psicoterapia, começamos a discutir o que Charles pensava e sentia a respeito de sua vida como um todo. Ele declarou: "Minha vida é boa e agradável. Tenho tudo o que imaginei ter quando crescesse. Mas olho ao meu redor e me pergunto: 'Isto é tudo?'. Olho minha vida e indago: 'Por quê?'. Geralmente, gosto de mim mesmo, mas tudo parece muito vazio. Não existem objetivos, não existe nenhuma *motivação*".

Alguns anos antes, ele começara a pensar sobre sua vida e desistira da esperança de encontrar algo mais. Até este momento, disse ele, ainda conservava os sonhos de infância de encontrar "alguma coisa grande e maravilhosa. Algo estupendo!". Agora, entretanto, percebia que aqueles sonhos eram somente fantasias e jamais poderiam ser realizados.

Depois de trabalharmos alguns meses, ele procurou o diretor de sua empresa e pediu uma licença não-remunerada (ele precisava dela mais do que deixar o emprego, para que pudesse conservar o seguro e benefícios médicos), enquanto trabalhava em suas idéias sobre a dessalinização. O diretor perguntou-lhe sobre essas idéias e conversaram durante toda a tarde a esse respeito, e ficou combinado que Charles faria pesquisas durante um ano, recebendo salário integral, destinadas ao desenvolvimento do projeto. Ele poderia utilizar todos os recursos da companhia, como computadores e outros equipamentos. Se seus projetos dessem certo, eles pertenceriam à empresa, mas ele receberia 25 por cento dos lucros obtidos.

Como se pode imaginar, Charles ficou extasiado. Ele jamais fizera algo semelhante, jamais lutara por si mesmo e pelo que desejava. Ao contrário, estivera "à deriva" (como ele mesmo disse), em um curso de especialização na faculdade, em seu atual emprego e até mesmo em seu casamento. Agora, estava surpreso com os resultados positivos de sua ação. Na terapia, começou a examinar cuidadosamente as razões de sua passividade anterior.

Charles estava muito entusiasmado com o novo trabalho e descobriu que era fascinante. Deixou de se preocupar com a ausência de significado. Ele estava vivendo sua vida, profunda e ativamente envolvido nela. Quando estamos ativamente cantando nossa própria canção, percebemos que apenas os filósofos e deprimidos perguntam pelo significado da vida. Quando estamos agindo da maneira para a qual fomos criados, nós *sabemos*.

Quando começamos a explorar a relação de Charles com a esposa e a filha, descobrimos que ele havia muito tempo sentia medo de se envolver emocionalmente. Achamos que esse medo fora bastante condicionado pela morte do pai, quando Charles tinha nove anos. Acreditava que, se amasse ou se preocupasse muito com alguém, essa pessoa seria levada embora e ele não poderia suportar novamente o inferno desse tipo de separação. Enquanto trabalhamos esses sentimentos dolorosos, ele reviveu a agonia que sentira quando o pai morrera e a subseqüente solidão, durante os anos seguintes, quando o pai quase não era citado em sua casa e era como se ele jamais tivesse existido. Começou a compreender que essa fora a forma encontrada pela mãe para lidar com a dor, e ela jamais percebera como isso o fizera sofrer. Durante esse período, descobriu que seu relacionamento com a esposa e a filha se aprofundara e se tornara uma força muito mais poderosa em sua vida. Elas começaram a partilhar sua ansiedade a respeito do câncer e diversas vezes choraram juntos. Muito surpreso, ele me contou que, depois, todos se sentiram melhor. "Sempre pensei que, se você falasse sobre essas coisas, elas ficavam piores", exclamou ele.

Charles começou a procurar um programa de exercícios e atividades que se ajustassem a ele. Finalmente, escolheu uma bicicleta ergométrica, que ele pedalava durante uma hora por dia, enquanto assistia a um programa de televisão. Descobriu que gostava disso e que se sentia melhor e mais vigoroso nas semanas em que se exercitava regularmente do que naquelas em que não praticava exercícios.

Um nutricionista sugeriu-lhe uma dieta macrobiótica, mas, após tentá-la, Charles achou que não servia para ele. Não que ele não gostasse da comida, mas, após um período, sentia que o regime o prejudicava mais do que ajudava. Ouvindo cuidadosamente as mensagens que seu corpo lhe comunicava, desistiu da dieta. Estabeleceu uma alimentação constituída de frango, peixe e legumes crus ou cozidos.

Para ele, essa dieta fazia-o sentir-se bem, particularmente quando suplementada por vitaminas e sais minerais. Parecia aumentar sua energia e a sensação de bem-estar. Além disso, ele perdera um pouco do peso extra. Não havia nenhum programa médico tradicional disponível — apenas exames neurológicos rotineiros.

Charles também iniciou um programa regular de meditação. Seis manhãs por semana, ele permanecia meia hora tão desperto e consciente quanto possível, tentando não fazer outra coisa a não ser contar seus movimentos respiratórios. Tentou perceber, cada vez com maior rapidez, sempre que se distraía e sua mente vagava, voltando a se concentrar e trazendo-a de volta à contagem, firme, suave e amorosamente. Disse que se sentia melhor, e as poucas vezes em que não meditava era como se de algum modo "algo estivesse faltando", durante o dia.

A preocupação de Charles com a falta de água no mundo, tanto no presente como no futuro, particularmente a que atingiria os países do Terceiro Mundo, parecia ser também uma manifestação de suas necessidades espirituais.

Durante aproximadamente um ano não houve modificação visível em seu câncer. Nesse período, ele continuou a trabalhar em seu projeto. Sentia que sua vida estava mais rica e plena do que jamais fora e, independentemente do que iria acontecer, estava vivendo sua própria vida, integralmente. Então, o tumor começou a apresentar novos sintomas. A perda de sensação e as parestesias tornaram-se mais amplas e mais freqüentes. Charles começou a perder cada vez mais e com maior freqüência o equilíbrio. Então, surgiu uma afasia — passou a ter, aos poucos, maior dificuldade para encontrar palavras que expressassem seus pensamentos. Ele podia pensar claramente, mas não conseguia falar ou escrever. Não podia ler, embora compreendesse o que as pessoas diziam. Também começou a ficar cada vez mais fraco, até que não pôde mais sair da cama. Estava claro que ele estava morrendo.

Um dia antes de morrer, ele procurou desesperadamente me dizer alguma coisa. Durante mais de uma hora ele tentou, esforçando-se o máximo, mas só conseguia pronunciar palavras confusas. Ele estava terrivelmente frustrado e continuou tentando até se deitar novamente, exausto. Eu o encontrei novamente naquela tarde e a mesma cena se repetiu, até que ficou prostrado, em completa exaustão. Não pude compreender a mensagem que ele tentara tanto me transmitir. Na manhã seguinte, ele morreu.

Durante muito tempo imaginei o que ele tentara me dizer. Parecia que este seria um daqueles mistérios que jamais são solucionados. Então, há cinco anos, encontrei sua esposa em um concerto.

Conversamos um pouco durante o intervalo e depois nos encontramos para tomar café. Quando lhe contei a respeito das duas últimas vezes que estivera com Charles, ela exclamou: "Ah!, acho que sei o que ele queria expressar. Alguns dias antes de morrer, ele me disse que sabia que não fora capaz de derrotar o câncer e que estava partindo. Revelou-me que lhe diria que você lhe havia oferecido a dádiva de, finalmente, conseguir viver e amar com mais plenitude". Eu respondi que gostaria que ele tivesse conseguido me dizer isso, porque, então, eu poderia ter-lhe afirmado que ele o fizera por si mesmo.

7

MINIMIZANDO O "DESGASTE" PARA TODOS OS ENVOLVIDOS

Durante os primeiros dez anos do trabalho que resultou neste livro, dediquei-me inteiramente a pacientes considerados clinicamente "casos irremediáveis" — cujas condições não haviam demonstrado reações, e, acreditava-se, não iriam reagir à interferência médica. Existiam para mim duas razões para que trabalhasse com esses pacientes em particular. A primeira era que eu estava explorando um território novo e tentando algo novo. Eu não imaginava o efeito desse trabalho na evolução dos tumores. Qualquer procedimento com possíveis efeitos positivos também podiam, pelo menos teoricamente, ter efeitos negativos se não fosse utilizado corretamente, e não existiam experiências anteriores que pudessem me orientar. Portanto, por razões éticas, eu só poderia trabalhar com pacientes cuja condição terminal permitisse que corressem riscos. Naturalmente, todos os pacientes eram informados dessa situação.

A segunda razão era que eu trabalhava num centro de tratamento de câncer, considerado um "tribunal de última instância". O Instituto de Biologia Aplicada atendia uma ampla população com câncer, cuja doença não fora detida pela radiação, cirurgia ou quimioterapia conhecidas naquela época.

Enquanto desenvolvia meu método de terapia, eu precisava conviver com o fato de que quase todos os meus pacientes morriam. Certa época, fiz uma verificação e descobri que, de 47 pessoas com câncer com quem eu havia trabalhado por mais de uma centena de horas, 47 haviam morrido. (Isso não inclui as muitas pessoas com quem trabalhei por períodos mais breves — das quais, quase todas também morreram.) Como jamais acreditei que fosse possível ser um psicoterapeuta eficiente a não ser que estivesse emocionalmente envolvido — a não ser que realmente me *preocupasse* com as pessoas com quem estava trabalhando e ativamente desejasse o melhor para elas —, o efeito dessa realidade foi devastador para mim. Eu vivia de luto permanente pelas pessoas com quem me preocupava profundamente.

Além disso, eu desenvolvera uma prática muito árdua. O hospital possuía informações sobre o trabalho que eu estava realizando e, com freqüência, recebia telefonemas de pacientes pedindo-me que trabalhasse com eles. Quando eu respondia que estava sobrecarregado, mas que poderia vê-los em seis meses, a resposta freqüentemente era esta: "Em seis meses eu estarei morto!". E, assim, atendia mais pacientes. Em determinada época, eu atendia pacientes numa média de dez horas por dia!

A palavra *desgaste* ainda não havia sido inventada e eu não estava consciente do seu conceito. Assim, não tomei precauções contra ele. Finalmente, uma paciente, uma mulher que amei muito, morreu. Subitamente, eu estava completamente exausto e vazio. Não tinha mais nada para dar, nenhuma energia emocional ou de relacionamento. Eu me sentia como um grande barril de água que fora esvaziado e, agora, estavam raspando suas paredes com baldes, tentando extrair a última gota de umidade!

Na medida em que meus pacientes partiam, tornei-me uma calamidade ambulante. Realizava o mesmo número de visitas, com a mesma duração, e dizia mais ou menos as mesmas coisas que dissera antes, mas não havia sentimento. Para muitos de meus pacientes, suas piores fantasias estavam se tornando realidade: assim que se abriam completamente para alguém, esta pessoa os abandonava. Eu não os deixara fisicamente, mas emocionalmente, e eles sentiam isso.

Embora não compreendesse exatamente o que acontecera, com a orientação de meu psicoterapeuta de controle (supervisor) tive pelo menos o bom senso de não aceitar novos pacientes. Em breve, eu não tinha mais pacientes, pois todas as pessoas com quem estava trabalhando haviam morrido.

Sentia-me desesperado e perdido. Simplesmente, eu precisava fugir e ficar completamente sozinho. Eu jamais fizera algo semelhante e ninguém conseguia me entender. Nem eu mesmo realmente compreendia a situação.

Escolhi um país que amava, mas cujo idioma eu não falava — e fui para a Grécia, por seis semanas. Durante esse tempo, andei por cidades do interior e evitei qualquer pessoa que soubesse falar inglês. Eu absolutamente não desejava me comunicar com ninguém, a respeito de qualquer assunto. Levei todo esse tempo para que meu "revestimento" se renovasse e para preencher minhas reservas de energia nos relacionamentos. Ao final de seis semanas, estava sentado em uma taverna em Esparta, na tarde de um longo dia muito quente. Duas lindas estudantes americanas sentaram-se à mesa ao lado. Quando olhei para elas e descobri que estava dizendo "Hmm-mm", percebi que estava curado e voltei para casa no dia seguinte.

Conto essa história para ilustrar como o desgaste pode se tornar grave. A partir daí, eu o vi acontecer a muitos pacientes, membros da família, amigos e profissionais da saúde envolvidos.

Lembro-me de uma mulher, mãe de uma menina portadora de grave leucemia. Elena era muito boa para a criança — amorosa, dava-lhe apoio e estava sempre aberta a discutir e conversar com ela sobre assuntos importantes ou não, e certificando-se de que a filha fosse encorajada a ser tão forte e independente quanto possível, sem ser sufocada pela ansiedade das outras pessoas. O pai fora major do exército e morrera no Vietnam. Ela não tinha outros filhos nem parentes próximos. Elena recebeu apoio emocional e físico (inclusive ajuda de uma empregada de meio período) do Cancer Care, uma organização fundada para lidar com esse tipo de problema e que realizava seu trabalho muito bem. A pressão sobre ela era muito grande. Elena precisava manter seu emprego como tesoureira e contadora de uma empresa para sustentar a ambas. Contou-me que estava se tornando cada vez mais irritável no trabalho e começando a cometer erros. Passou a dirigir seu carro com insegurança e tivera diversos pequenos acidentes, após muitos anos como motorista impecável. Elena sempre fora esbelta e agora estava com excesso de peso.

Em nossa conversa, disse-lhe que ela era como a bateria de um carro no qual não existia nenhum gerador. Ela continuava gastando energia, porém nenhuma energia estava retornando. Estava ficando emocionalmente cada vez mais exausta e, se continuasse assim, em breve não serviria para ajudar a si mesma, seu trabalho ou, finalmente, sua filha. Ela teria que ser seu próprio gerador. O que ela mais necessitava para se completar, para ajudá-la a conservar suas reservas emocionais? Observei que o fato de prestar atenção às suas próprias necessidades, refletir, cuidar de si mesma, seria de grande ajuda.

Elena disse que o que mais necessitava era dormir e ficar algum tempo sozinha. Por muitas e óbvias razões, era impossível se afastar por muito tempo do trabalho e da casa. Decidimos que passaria um fim de semana em um hotel que tivesse serviço de quarto. Combinei com seu médico para lhe receitar alguns comprimidos para dormir, para que ela se beneficiasse totalmente desse breve intervalo. Depois disso, uma tarde por semana, ela se dedicaria exclusivamente a si mesma. Deveria planejar cuidadosamente essas tardes — geralmente, o que mais gostava era de jantar fora e ir a um cinema com um amigo. Havia muito tempo seus amigos não a procuravam, pois ela nunca tinha tempo para eles. Agora, ela os procuraria e diria que estava pronta. Além disso, ela se levantaria vinte minutos antes, todos os dias, e preencheria esse tempo com um programa de exercícios físicos.

Contrariamente às suas expectativas, cuidar e tornar-se consciente de suas próprias necessidades e sentimentos não a enfraqueceram, mas tiveram o efeito oposto. Embora sua programação total e as pressões continuassem as mesmas, ela se tornou menos irritável e deixou de cometer erros no trabalho; também não cometeu erros no trânsito. Continuou fazendo o que devia fazer até a morte da filha, três anos depois.

Geralmente, o conceito de desgaste tem sido aplicado a "auxiliares" e profissionais da saúde, não se reconhecendo que o sofrimento dos pacientes com câncer também pode ser notadamente aumentado por sua condição. Eles também sofrem desgaste. Isso é provocado não somente pela ansiedade e medo, desconforto físico e a dor de viver com o câncer; o fato de a pessoa com câncer estar vivendo um pesadelo acordada tem um efeito debilitante e estafante.

Existe uma diferença entre um sonho ruim e um pesadelo. Um pesadelo é um sonho em que estão presentes três fatores:

1. Coisas terríveis estão acontecendo e/ou coisas piores estão na iminência de acontecer;

2. Sua vontade é incapaz de ajudá-lo — não há nada que você possa fazer. Toda esperança se apóia em outras forças ou pessoas (assim como em descobertas de novos medicamentos sobre os quais você não pode exercer nenhuma influência real e de cujo surgimento depende a sua vida); e

3. Não existem prazos.

Se algum desses três fatores não estiver presente, é um sonho ruim. Se os três estiverem presentes, é um pesadelo, com seus efeitos particulares, que debilitam o ego, e são física e emocionalmente estafantes. O paciente com câncer acorda a cada manhã para viver um pesadelo. Coisas terríveis estão acontecendo ou irão acontecer. As coisas não dependem de sua vontade, mas da medicina. Viver em um pesadelo constante com freqüência leva a um grave desgaste. E, muitas vezes, isso se torna pior porque os outros não o reconhecem (os pacientes não têm o direito de se sentirem esgotados — afinal, não estão todos fazendo o melhor possível por eles?) e os pacientes, por sua vez, não aceitam o fato de que essa é uma condição verdadeira (afinal, esperam que continuem tentando melhorar e não se sintam muito cansados ou desencorajados. Esperam que eles conservem suas energias de recuperação).

Um dos fatores mais debilitantes na situação do câncer é a firme pressão para que a pessoa pare de se preocupar e pensar em si mesma, como alguém que, por acaso, se encontra doente naquele momento, e que comece a reagir a si mesmo como se fosse uma doença que, de algum modo, parece ter uma pessoa ligada a ela. Gradativamente, todos os seus esforços e pensamentos voltam-se para a doença e o tratamento. Eles ocupam cada vez mais seu tempo e sua energia.

Um dos aspectos mais exaustivos de uma enfermidade como o câncer é a exigência (dos outros e também nossa) para que sejamos sempre responsáveis e tranqüilos a respeito da situação. As pessoas ao nosso redor, e nós mesmos, exigimos que sejamos sempre bem-comportados e esperançosos. Se o paciente e a família agirem dessa maneira, certamente as coisas se tornam mais fáceis para os profissionais envolvidos, porém muito mais difíceis para o paciente e para aqueles que ama. Como disse Nietzsche: "Algumas situações são tão ruins que é insano permanecer são". Se você tem câncer (ou alguém que você ama), é apenas racional, algumas vezes, se mostrar irracional; ficar meio louco de vez em quando. Os pacientes (e as pessoas muito próximas) devem permitir-se a si mesmos essas atitudes — seja qual for a maneira que escolherem —, tirar férias da atitude constante de estarem tão bem controlados. Familiares, amigos e profissionais devem se relaxar e deixar que isso aconteça, quando for o momento, com o paciente ou pessoas próximas a ele. É importante não permitir que nossa ansiedade nos domine e nos faça ceder à tendência de tranqüilizar e dar confiança à pessoa e, desse modo, reafirmar que os períodos em que simplesmente ela dá lugar aos sentimentos e fala o diabo com calma e racionalidade não são aceitáveis.

Se isso acontecer de vez em quando, todos irão se sentir melhor depois, e seu controle, ao invés de enfraquecer, irá *aumentar*.

Para evitar ou diminuir o desgaste, a pessoa com câncer deve desenvolver uma preocupação determinada e amorosa por *todo* o seu eu, e não somente por sua parte física, como também se envolver ativamente em seu crescimento psicológico, emocional e espiritual. Este não é o momento de abandoná-los só porque estamos preocupados com nosso corpo. Talvez esta atitude pareça apenas sensata — dizer que temos tanto trabalho a realizar no que se refere à doença física, que todo o resto pode e deve ser adiado, até surgir outro período mais tranqüilo. Entretanto, o bom senso muitas vezes não é um guia adequado nas áreas em que não possuímos experiência. Aqui, o contrário do que parece "sensato" é verdadeiro. Nós nos fortalecemos ao nos empenharmos em nosso crescimento e *"vir-a-ser"* quando estamos ameaçados pelo destino. Este é o momento de redobrarmos nossos esforços.

Contudo, se formos redobrar nossos esforços, precisamos ser especialmente cuidadosos para não esquecer nosso objetivo. Para onde iremos dirigir nossa vida? O que desejamos dela? Vamos colocar esta questão de maneira diferente. Como podemos tornar nossa vida diferente e muito melhor depois da doença do que ela era antes? Como podemos descobrir o *contexto* no qual desejamos conduzir nossa vida e orientar nosso próprio *vir-a-ser*?

Se houver uma *meta* e um *contexto* na vida, uma maneira de trabalhar de modo que exista uma razão para se acreditar que a vida após a doença será diferente, mais individual, refletindo melhor nosso verdadeiro e único eu, então há uma chance bem maior de que o sistema imunológico, o mecanismo de defesa contra o câncer, atue de forma mais eficiente ao lado da vida. Para mim, nenhum outro fator parece tão crucial como a presença ou ausência dessa atitude.

Além disso, naturalmente, o esforço em direção a uma meta de vida significativa modifica bastante a percepção da vida. Nós não estaremos mais apenas reagindo, como joguetes indefesos na luta entre a medicina e a morte. Estamos ativamente lutando por nossa vida, nossa alma. E, uma vez que isso também ajuda nosso corpo físico, destruímos o pesadelo. Nossa vontade não mais será incapaz de nos auxiliar — encontramos uma maneira de lutar por nossa vida. Como um pesadelo exige que *todos* os três fatores estejam presentes — coisas terríveis estão acontecendo, sua vontade é impotente e não existem prazos —, agora estamos vivendo um sonho ruim, não um pesadelo. A mudança é bastante real. Com um objetivo em nossa vida, nossa habilidade para suportar e lidar com o desconforto e a dor também aumenta. Nietzsche escreveu: "Onde existe um 'porquê' podemos suportar qualquer 'como' ".

Há uma diferença entre o profissional que trata do câncer, de um lado, e o paciente, família e amigos envolvidos, de outro. Para o profissional, o envolvimento é parte de um estilo de vida. Não é uma condição temporária, mas um aspecto permanente de sua vida. Para evitar o desgaste, os profissionais devem aceitar conscientemente os mesmos fatores, igualmente aplicáveis ao paciente, como parte integrante de sua profissão. Os profissionais devem ter a mesma preocupação, firme e amorosa, por todos os aspectos de sua pessoa — o físico, o mental e emocional, e o espiritual. Todos devem ser conscientemente examinados, ocasionalmente, para determinar o aspecto que necessita de maior apoio *naquele momento*.

De vez em quando, o contexto do trabalho também deve ser conscientemente examinado. Por que a pessoa age de determinada forma? Qualquer resposta que não seja basicamente egoísta deve ser encarada com desconfiança. Se for apenas por razões "altruístas", então, com toda a probabilidade, a pessoa está enganando a si mesma. A falta de honestidade com o eu nessa área pode dificultar seriamente o trabalho e causar danos ao eu e aos pacientes.

Qualquer psicoterapeuta que atua nessa área também deve ter um supervisor — independentemente de sua experiência e treinamento. Acredito que isso se aplica a todos os psicoterapeutas, não importa o tipo de seus pacientes. Pessoalmente, não encaminho ninguém a terapeutas que, ocasionalmente, não percebem que estão desnorteados, que se encontram indecisos diante de determinado paciente, ou que precisam se aprofundar numa esfera da personalidade em que um paciente mobiliza sua ansiedade, e que, nessas situações, não procurem ajuda de outra pessoa. Em minha opinião, qualquer terapeuta que ache que não necessita de uma orientação de vez em quando realmente é um terapeuta muito medíocre. Nosso próprio luto e tristeza por aqueles que morrem, nossa ansiedade por evitar mais dor e perda, a necessidade de enfrentar nossa própria mortalidade e de estarmos ativamente preocupados durante longos períodos com as importantes questões da existência e significado da vida humana — tudo isso contribui para nossa necessidade pelo tipo de auto-exame claro que a psicoterapia oferece.

Além disso, os terapeutas devem se preocupar conscientemente com seu próprio crescimento e *vir-a-ser*. Devem continuar envolvidos no processo de se tornarem únicos e individualizados, de se empenharem para obter o desabrochar completo do seu eu. A não ser que o façam, eles estão dizendo aos pacientes: "Faça o que eu digo, não o que eu faço". Essa frase faz com que o resto de seu trabalho pareça sem valor, falso, e *sempre* acabe sendo transmitido aos pacientes.

Subentende-se que cada paciente tem o direito de perguntar como as teorias de um terapeuta podem ser aplicadas à sua vida. Se as perguntas não forem respondidas, sempre existe a porta de saída e outro terapeuta.

Não acredito que qualquer terapeuta deva praticar a profissão com pessoas com câncer, em tempo integral. Deveriam tratar de uma variedade de outros tipos de paciente. Igualmente, outros profissionais que atuam na área de enfermidades fatais devem ter outros interesses, nos quais estejam emocionalmente envolvidos. Tudo o que eu disse sobre o psicoterapeuta também se aplica, até certo ponto, aos outros profissionais envolvidos. A enfermeira do serviço de oncologia, o atendente do hospital, os que trabalham em asilos, o oncologista — e seus pacientes —, todos irão se beneficiar ao considerarem essas concepções.

Todos os amigos de Dorothy se surpreenderam ao ver como ela estava aceitando bem o seu diagnóstico e o tratamento. Ela tivera câncer nos rins, e na primeira cirurgia retiraram um dos rins, a uretra e parte da bexiga. Durante os primeiros dois anos após o diagnóstico, ela manteve sua vida tão normal quanto possível e continuou trabalhando como diretora de um museu de arte. A despeito da cirurgia e de diversas séries longas e debilitantes de quimioterapia, inúmeras consultas e exames médicos, encontros com um nutricionista e uma dieta complexa, Dorothy conseguiu manter seu emprego, encontrar os amigos, ir ao teatro e até passar as férias de verão nas montanhas.

Dorothy sempre desejara se casar e constituir família. Ela adorava crianças e pretendia ter muitos filhos. Fora casada durante um ano e meio; ao final desse período, o marido lhe dissera que ele não nascera para o casamento, que fora mais feliz quando solteiro e que queria o divórcio. A partir daí, ela passou a viver sozinha. O câncer foi diagnosticado um ano e meio após o divórcio.

Depois dos dois primeiros anos de tratamento, Dorothy sentia-se cada vez mais exausta e achava cada vez mais difícil continuar vivendo. Gradativamente, deixou de se encontrar com os amigos, de sair às tardes, e de todo o resto.

Naquela época eu estava entrevistando um em cada quatro pacientes que vinham à clínica, visando me certificar de que os pacientes que eu examinara profundamente constituíam uma amostra típica dos pacientes que procuravam tratamento. Dorothy explicou o quanto se sentia cansada: "Eu não tenho mais energia. A vida se tornou tão *árida* e exaustiva... Tudo o que faço é prestar atenção ao meu corpo. Se não estou lidando com meu liquidificador ou cultivando sementes (ou comendo coisas insossas), estou visitando outro consultório médico ou deitada sob outra máquina de raios X. Durante os dois primeiros anos, consegui fazê-lo. Sou uma pessoa naturalmente otimista e consegui continuar. Agora, parece que me *preocupo* cada vez menos. A vida são detalhes médicos, o que eu comi hoje e como urinei ontem e qual o médico que irei visitar a seguir. Simplesmente não tenho mais energia para me preocupar com qualquer outra coisa".

Ela transmitia uma sensação de profunda exaustão. Conversamos um pouco sobre atividades que a revigorariam, sobre grupos de apoio, e outras coisas mais; porém, nitidamente, ela não possuía disposição para se voltar para essas direções. Seis meses depois, foram descobertas novas metástases que evoluíram muito rapidamente, e ela morreu logo após dar entrada no hospital.

8

A PESSOA QUE ESTÁ MORRENDO

É um triste destino para um homem morrer tão bem conhecido para todas as pessoas e ainda desconhecido para si mesmo.

FRANCIS BACON

Primeiro, uma advertência. Este capítulo, mais do que qualquer um dos outros, dirige-se ao psicoterapeuta que trabalha com pessoas que estão morrendo. Se você, leitor, se encontra no Tempo de Morrer, ou se está intimamente envolvido com alguém nessas condições, este capítulo talvez mereça ser lido. Mas, se você for um membro da família ou um amigo próximo, não tente tornar-se um psicoterapeuta. Mantenha e aprofunde sua atuação e o relacionamento já existente; não procure outro, para o qual você não possui treinamento e que provavelmente irá enfraquecer seu atual relacionamento e privar a pessoa que está morrendo de uma importante fonte de apoio e carinho.

Procure verificar os conteúdos deste capítulo que se dirigem a você, e aqueles que não lhe dizem respeito. Talvez você considere útil discutir algumas das idéias com a pessoa que está morrendo ou utilizá-las de modo que se adaptem às suas personalidades e auxilie o relacionamento a se dirigir para seu maior potencial para mútuo enriquecimento.

Certa vez, um homem veio consultar-me. Seu pai já havia falecido e a mãe estava morrendo de câncer em um hospital. Sal era o único filho que a visitava regularmente. Mas ele não sabia o que lhe dizer. Ambos sabiam que ela estava morrendo, e seu padrão de conversas, voltado a assuntos triviais e sobre suas vidas cotidianas, parecia extremamente insatisfatório. Sal *desejava* se relacionar mais com ela e, de algum modo, ajudá-la nesse período de despedida, mas não tinha nenhuma idéia da maneira de fazê-lo. As visitas diárias estavam se tornando cada vez mais áridas e deprimentes, nas quais eles se sentavam e se olhavam, dando-se as mãos sem nada dizer, sentindo-se cada vez mais frustrados.

Após conversar um pouco com ele e perceber o que estava acontecendo em sua vida (reconhecendo, por exemplo, que não parecia haver algo oculto que bloqueava a comunicação), perguntei-lhe o quanto sabia sobre a infância da mãe. Quando me disse que sabia muito pouco, disse-lhe que esta era sua última chance para conhecer as raízes dela, bem como as suas. Como foram os primeiros anos da vida dela? Sua juventude? Os períodos mais excitantes de toda a sua vida? A decisão mais importante de sua vida? Qual a pior? Em resumo, quem era ela e qual a vida que levara? Estas seriam importantes lembranças após sua morte. Ele seria alguém que a conheceria e compreenderia. E poderia transmitir tudo isso a seus filhos.

Conversamos sobre o assunto durante algum tempo. Então ele se foi. Um mês depois, ele voltou a me visitar. Estava voltando do funeral. Tudo havia mudado depois que me visitara. Na tarde seguinte, quando foi ao hospital, começara a perguntar à sua mãe sobre sua infância. Ela ficara surpresa e quisera saber por que ele estava tão interessado nisso. Ele respondeu: "Porque amo você e há tantas coisas que não sei a seu respeito. Quero conhecer sua vida, e quando tiver filhos quero poder lhes contar sobre você. Como era a vida de uma jovem em 1915, quando você estava crescendo?".

As visitas adquiriram outras feições. Agora, parecia haver tanta coisa para se conversar, tantas coisas que podiam explorar juntos... Geralmente, eles conversavam sobre ela e sua vida, mas nas conversas Sal pôde lhe contar coisas de sua própria vida, que jamais compartilhara com ela. Enquanto trocavam idéias e lembranças, ambos se sentiam enriquecidos. Ela ficou cada vez mais interessada, não somente em contar sobre sua vida, mas também em explorá-la para si mesma. Freqüentemente, ela dizia coisas sobre seu passado como: "Nunca pensei nisso desta maneira antes" ou: "Quer dizer então que era isso?". Quando ele entrava no quarto do hospital, havia cada vez menos queixas sobre as enfermeiras, a comida e os médicos. Pelo contrário, ela mostrava um senso de exploração ativo e excitado.

Depois de algumas visitas desse tipo, ele trouxe um gravador. Ela gravou suas recordações sobre acontecimentos especiais de sua vida, algumas histórias para os futuros netos e descrições sobre os pais e avós. Um dia, ela lhe pediu que deixasse o gravador com ela até o dia seguinte. Quando ele voltou, ela disse que gravara uma mensagem para ele, para ser ouvida após sua morte. Ele a ouviu uma noite antes do funeral. Nela, a mãe lhe agradecia por ele ter mudado toda a sua experiência de vida com relação à morte.

Sal me contou que cerca de cinco horas antes da morte, houvera uma modificação total na personalidade da mãe. "Ela parecia irradiar um brilho interior. Ficou muito tranqüila e serena. Sim, esta é a palavra, *serena*." Quando a enfermeira trouxe o habitual medicamento para a dor, ela disse que não precisava dele. "Estava calma, relaxada, e, de algum modo, parecia mais feliz do que eu jamais a vira."

Ela lhe deu adeus, deixou-lhe algumas mensagens — de perdão e paz, e votos de felicidade para alguns parentes e amigos — e, então, fechou os olhos e morreu.

Nesse caso, uma paciente que eu jamais vira atingiu as três metas necessárias que se usa para lidar com a pessoa, no Tempo de Morrer. O último período de vida havia mudado de cor. Transformou-se num período de ativo crescimento e vir-a-ser, onde a paciente começou a examinar a totalidade de sua vida e a considerá-la como uma *Gestalt*, um padrão integrado. Ela teve uma morte transcendente. A família ficou praticamente isenta de cicatrizes emocionais.

Há algum tempo, assisti a uma conferência de psicoterapia para pessoas portadoras de doenças fatais. O orador observou, muito corretamente, que este conceito incluía dois diferentes tipos de terapia: no primeiro, lidamos com pessoas que se encontram na fase da doença. Para elas, o principal problema é descobrir o que fazer para melhorar e, se possível, nesse processo, determinar a situação para que a doença tenha menos probabilidades de reaparecer. No segundo tipo, o paciente se encontra na fase terminal. Aqui, os objetivos são inteiramente diferentes.

O orador continuou, dizendo que existem pessoas que se especializam em um aspecto da terapia e outras que se especializam em outro. Por exemplo, comentou ele, há um dr. X que é especialista em ajudar as pessoas a morrer. Sua visão é inteiramente voltada para essa direção. Ele entra em um quarto de hospital onde se encontra um paciente que teve um câncer suave de pele, que foi completamente tratado e que, a não ser que ele seja atropelado por um caminhão, provavelmente irá viver por muitos anos e, então, morrer de velhice. O dr. X chega quando o paciente está se vestindo para ir para casa e começa a ajudá-lo a se preparar para morrer. Entre outras coisas, o dr. X pergunta-lhe como *realmente* se sente ao dizer adeus às pessoas que ama.

No outro extremo, disse o orador, está Larry LeShan (neste momento, comecei a prestar uma atenção extra!). É típico de LeShan, disse ele, inclinar-se sobre a cama, segurar firmemente o paciente pelos ombros e perguntar: "Mas o que você *realmente* quer da vida?", ao mesmo tempo em que a enfermeira puxa a barra de seu jaleco e diz: "Mas, dr. LeShan, este paciente morreu há três horas!".

Infelizmente, há alguma verdade nisso. (E, devo acrescentar, algum exagero!) Nós, que trabalhamos com pacientes com câncer, somos culpados por algumas vezes brutalizarmos pacientes, quer seja por não reconhecer que eles passaram da fase da doença para a fase da morte, quer por tratá-los como se estivessem na fase da morte quando estão na fase da doença. Para evitar essa brutalidade, os terapeutas devem estar conscientes de sua orientação particular, compensá-la e ser tão sensíveis quanto possível aos pacientes. Como essa é uma decisão em geral difícil, uma decisão repleta de pontos obscuros e que desperta todo tipo de sentimentos no terapeuta, é particularmente útil contar com a supervisão de um terapeuta. Discutir o problema com alguém que não está pessoalmente envolvido com freqüência é muito bom — especialmente quando um paciente com quem você esteve trabalhando na fase da doença talvez tenha passado para a fase da morte. Para o terapeuta, é particularmente difícil decidir quando isso acontece.

Cada terapeuta deverá ter seus próprios caminhos para avaliar o momento em que um paciente passa da fase da doença para a fase da morte. Uma maneira que considero útil para mim mesmo é o surgimento de uma fadiga profunda, uma fadiga tão profunda que parece ser o equivalente psicológico da exaustão adrenal. Os pacientes literalmente não possuem mais energia para lutar pela vida. Eles participaram da corrida, fizeram tudo o que foi possível, e não têm mais absolutamente nenhuma energia para continuar. A exaustão é básica e total. Eles apenas desejam descansar.

Estou cansado de lágrimas e risos
E de homens que riem e choram.
Do que está por vir
Para homens que semeiam para colher.
Estou cansado de dias e horas
Brotos carregados pelo vento e flores estéreis
Desejos e sonhos e poderes
De tudo, a não ser do sono.

> *Pelo grande amor à vida,*
> *Pela esperança e medo libertados,*
> *Dizemos obrigado num breve agradecimento*
> *Quaisquer que sejam os Deuses*
> *Que nenhum homem viva para sempre,*
> *Que os mortos nunca ressuscitem;*
> *Que até mesmo o rio mais cansado*
> *Em algum lugar serpenteie a salvo para o mar.*
> A. C. SWINBURNE, "The Garden of Proserpine"

Ou, como o poeta W. E. Henley descreveu alguém nesta situação:

> *Cansado de experiências, ele se voltou*
> *Para o seio amigo e confortante*
> *Da velha ama, a Morte.*

Escrevi a respeito da tarefa do psicoterapeuta quando o paciente se encontra na fase da doença. Qual a tarefa quando o paciente se encontra na fase da morte?

O psicoterapeuta que trabalha com pessoas portadoras de doenças fatais possui (como o médico em sua prática) três tarefas:

1. Curar, se for possível;

2. Aliviar, se a cura não pode ser atingida; e

3. Quando nenhuma dessas atitudes estiver ao seu alcance, proporcionar uma transição segura.

Qual o significado da última frase?

Aqui, novamente, cada terapeuta tem de definir sua tarefa. Cada um deve responder à pergunta: O que estamos tentando obter quando trabalhamos com pessoas em seu Tempo de Morrer? Só posso apresentar minhas próprias metas. Elas são três:

1. Mudar a cor do Tempo de Morrer, permitindo que seja, para cada pessoa, uma excitante e interessante aventura em seu crescimento. Para que este não seja um período árido, deprimente, mas, sempre que possível, um período de *vir-a-ser*, de crescer, um avanço total em direção à última tarefa que cada um de nós irá enfrentar, ou seja, morrer tão bem, tão *completamente*, tão confiantes quanto nos é permitido ser. Conhecer e afetuosamente aceitar quem somos, antes de morrer.

2. Ajudar tantos pacientes quanto pudermos a alcançar uma "morte transcendente".

3. Trabalhar em direção a uma morte que deixará o mínimo possível de cicatrizes emocionais na família.

Acredito que as três tarefas são mais bem realizadas através da mesma abordagem.

Carl Jung escreveu uma história que é pertinente a esse conceito. Ele tinha uma paciente, uma mulher de quarenta e poucos anos, que o procurou para fazer análise. No meio do trabalho analítico, a firma do marido transferiu-o para uma cidade distante, e a terapia foi interrompida. Jung não soube mais nada sobre ela durante muitos anos. Então, recebeu um telefonema de um hospital local. Disseram que tinham uma paciente, uma mulher, que estava morrendo. Ela também era psicótica, não parecia reconhecer ninguém, falava constantemente numa sucessão de palavras sem sentido. A família disse que ela fora paciente de Jung. Ele procurou em seus arquivos e verificou as anotações que fizera anos antes, quando estavam trabalhando juntos. Quando ele se aproximou de sua cama, ela não pareceu reconhecê-lo, mas continuou falando coisas aparentemente sem nexo. Enquanto Jung ouvia, sua tagarelice começou a ter sentido. Pela associação livre, ela estava terminando a análise interrompida havia tantos anos! Jung permaneceu com ela durante duas semanas, enquanto ela terminava o processo e se reconciliava com os problemas que a haviam atormentado durante toda a vida adulta. Depois de terminar, ela ficou lúcida, reconheceu Jung, e lhe agradeceu. Continuou calma, serena e lúcida até a morte, pouco depois.

Antes de nossa morte, todos precisamos compreender o propósito de nossa vida. Qual o seu significado? Em nossos últimos dias de vida, precisamos considerar a nós mesmos não como pessoas dominadas pela doença, morrendo indefesas em um quarto de hospital estreito e asséptico, mas, sim, como parte de uma tapeçaria de vida ou de uma sinfonia na qual todas as partes interagem entre si, e nossa vida é um todo integrado, rico e multicolorido.

Não podemos verdadeiramente dizer adeus a alguma coisa sem saber o que ela foi. A tentativa de desistir, de dizer adeus, de renunciar à nossa vida antes de aceitá-la totalmente tende a conduzir-nos a uma morte amarga e triste.

A essência da tarefa do Tempo de Morrer é enxergar a totalidade de nossa vida como um padrão e uma sinfonia na qual os temas se intensificam e gradualmente desaparecem, e o conjunto forma um todo organizado e real. É necessário perdoar e aceitar a nós mesmos para que, no final, sejamos reais para conosco mesmos, e não — como muitos de nós somos para nós mesmos durante nossa vida — um fantasma.

Quando o terapeuta se concentra nessa tarefa, como a verdadeira tarefa para esse estágio de desenvolvimento da vida dos pacientes, quando o terapeuta *demonstra* que esse é o objetivo válido e básico desse momento, então os pacientes também se envolvem nele. E, quando os pacientes se tornam envolvidos, a cor do Tempo de Morrer se modifica. Eles não são mais joguetes indefesos, atormentados e feridos pela doença, desamparadamente expulsos da vida. O Tempo de Morrer torna-se, assim, a última aventura, uma aventura tão importante quanto quaisquer outras experimentadas pelos pacientes. Torna-se um período de crescimento e desenvolvimento.

Para trabalhar com as pessoas nesse período, os terapeutas devem estar conscientes de algo que todos os psicoterapeutas deveriam saber, mas que raramente o sabem. O fato de que as leis da consciência estão mais próximas das leis da arte e da magia do que das leis que governam as máquinas. Assim, a *honestidade* do terapeuta é tão nítida e real quanto a *massa* ou a *inércia* no mundo das máquinas. Os terapeutas não podem fingir crenças ou interesse: eles devem ser reais, caso contrário, prejudicam o processo e a pessoa extremamente vulnerável, que se encontra no Tempo de Morrer. Você pode fingir que gosta de um Chevrolet, e trocar seus pneus tão eficientemente como se realmente tivesse grande afeição por ele. Isso simplesmente não acontece com as pessoas no Tempo de Morrer. Você não pode, repito, *não pode*, fingir. Você só pode prejudicá-las.

A seguir, darei uma série de exemplos de perguntas que você pode utilizar com pessoas que estão morrendo, para ajudá-las a começar a pensar sobre o significado e a estrutura de sua vida. A não ser que você *realmente* esteja interessado nas respostas a essas perguntas e esteja pronto a ficar com as pessoas e ouvi-las seriamente, simplesmente não é admissível fazê-las. Formular esse tipo de perguntas e não ouvir cuidadosamente as respostas é como pedir às pessoas que se encontram em um período muito vulnerável e delicado de suas vidas que se mostrem e, então, quando se expuserem, abandoná-las.

Ao ouvi-las, você precisa aprender a não confortá-las. As pessoas que estão morrendo precisam de alguém que saiba quem elas são e o que foi e ainda é a sua vida. É muito fácil ser animador — muito fácil e bastante inútil. A maior parte dos profissionais aprendeu essa lição muito bem ao trabalhar com pacientes em sua fase de morte. Não dizemos a um paciente deprimido: "Você ainda tem muitas coisas pelas quais viver". Há muito tempo, aprendemos que isso não tem sentido e apenas mostra ao paciente que realmente não o ouvimos, que escutamos apenas as palavras e não o sentimento e a vida que elas ocultam. Embora tenhamos aprendido isso com pacientes na fase da doença, tendemos a esquecê-lo quando lidamos com pacientes na fase da morte. Nossas ansiedades tornam-se tão grandes, que deixamos de aceitar a situação em que os pacientes se encontram e começamos a reafirmar que eles não deveriam se encontrar nessa situação. Isso é fácil de fazer e diminui a ansiedade do terapeuta.

A seguir, relaciono algumas perguntas que podem ser úteis quando se trabalha com pessoas na fase da morte. Elas são *exemplos*, não técnicas ou truques. Qualquer relacionamento sério, e isso felizmente inclui as sessões de psicoterapia, deve se desenvolver em seus próprios termos se nosso objetivo é conseguir algo mais do que apenas um ritual. Não existe a "coisa certa" para o terapeuta dizer ou fazer sob esta ou aquela condição. (Lembra-se daqueles inúteis livros, tão populares, que ensinavam a educar crianças? Eles estavam repletos de afirmações como: "Quando a criança disser: _____, o pai deve responder _____", e então davam as palavras exatas.) Isso não pode acontecer quando falamos de psicoterapia. Na verdade, se existe uma única regra, se houver uma lei na psicoterapia, ela é a "Lei de Miale"*, que diz: "Qualquer resposta do terapeuta, que se origine da técnica e não dos sentimentos humanos, é antiterapêutica". O bom terapeuta procura ter um amplo — e cada vez maior — estoque de técnicas e métodos em sua massa aperceptiva, no armazém da memória, porém somente as utiliza quando elas se tornam conscientes dentro de um contexto adequado — quando elas "ficam na ponta da língua" e parecem totalmente espontâneas, tanto para o terapeuta quanto para o paciente. O importante não é a pergunta ou técnica ser estruturada em um nível de sofisticação adequado ao paciente, mas, sim, que a própria pergunta ou técnica deve ser o resultado natural do que estiver ocorrendo nas sessões naquele determinado momento. Caso contrário, o relacionamento fica reduzido a uma interação mecânica, sem nenhuma utilidade para promover e nutrir o crescimento e o "vir-a-ser" do paciente.

Que tipo de afirmações e perguntas podem ajudar os pacientes na tarefa apropriada ao Tempo de Morrer? Como podemos trabalhar com os pacientes, ajudando-os a iniciarem a busca pelo significado de sua vida; a buscarem os padrões e os temas que os tornam únicos; a procurarem seus verdadeiros nomes e conhecerem as coisas que os ajudaram ou impediram de vivê-las?

As perguntas seguintes são sugestões para estimular a imaginação, para ajudar o terapeuta, o parente ou o amigo, a conhecer algumas das formas de abordagem a essa última tarefa. Elas não devem ser utilizadas como uma lista para o paciente ler, mas, ao con-

---

* A "Lei de Miale" foi formulada por Florence Miale, psicoterapeuta de Nova York.

trário, são um álbum de esboços que deliberadamente não obedecem a uma determinada ordem de alguns caminhos que podem nos conduzir em direção ao crescimento nos últimos dias. Cada pessoa que as utilizar deverá modificar e colorir os esboços, fazendo com que se adaptem à sua personalidade e ao relacionamento único e especial que existe naquele momento.

Algumas das perguntas podem soar muito sofisticadas e muito avançadas para muitas pessoas. Só posso dizer, baseado na longa experiência com uma ampla variedade de pessoas em seu Tempo de Morrer, que, se elas forem expressas com um pouco de respeito pela formação da pessoa com quem você se encontra, se forem adequadas ao relacionamento, se houver um interesse real por parte do indagador, a grande maioria das pessoas nesse período de suas vidas reage a elas da mesma maneira que reagiriam a um oásis inesperado que surgisse no deserto.

1. Observando sua vida inteira, a partir de seu ponto de vista atual, como você a descreveria? Foi uma vida boa? Uma vida solitária? Uma vida frustrada?

2. Se toda a sua vida tivesse sido planejada antecipadamente, para que você pudesse aprender algo com ela, qual a lição que você acha que deveria aprender? Você realmente a aprendeu? O que mais seria necessário para aprendê-la?

3. Qual a melhor coisa que já lhe aconteceu? Qual a pior? (Estas são perguntas separadas e, como regra geral, parecem mais úteis quando formuladas nesta ordem.)

4. Qual a melhor coisa que você já fez? Qual a pior?

5. Qual foi o melhor período de sua vida? Qual foi o pior?

6. Como você terminaria estas declarações: "De minha infância adoro me lembrar..." "De minha infância detesto me lembrar..."?*

7. Você acredita ser verdade que "é melhor ter amado e perdido do que nunca ter amado"? O que o levou a essa conclusão?

---

* Esta pergunta foi sugerida pelo psicólogo Jean Schick Grossman, terapeuta familiar.

8. Se uma criança que você ama lhe pedisse para citar uma coisa muito importante que você aprendeu com a vida, o que você responderia?

9. Há uma antiga lenda grega sobre as três Parcas, que governam todas as vidas: Cloto, que tece a linha da vida de uma pessoa; Láquesis, que lhe dá cor; e Átropos, que corta a linha e a pessoa morre. Como Láquesis coloriu *sua* vida? Átropos cortou a linha muito cedo? Muito cedo para quê? Você ainda pode realizar o que não conseguiu realizar até agora?

10. Em toda sinfonia (balada, música folclórica, música popular) existe um tema central. Ele tem muitas variações, que aparecem em diferentes partes (versos), mas, subjacente a elas, está o tema. Qual foi o tema de sua vida?

11. Se você pudesse mudar *uma decisão* que tomou em sua vida, qual seria? Por que você agiu daquela maneira? Em que isso lhe toca hoje, sobre a maneira de ver a si mesmo e o mundo naquela época? Você pode se perdoar por ter tomado aquela decisão? Por sentir da maneira que sentiu? Se não pode, por quê?

12. Pelas coisas que você fez, o que precisa agora para ser capaz de perdoar a si mesmo?

13. Pelas coisas que os outros lhe fizeram, o que você precisa para perdoá-los? Pelas coisas que lhe aconteceram, o que você precisa para perdoar a si mesmo?

14. Se pudesse ouvir o que seus amigos falam de você em seu funeral, o que mais gostaria de ouvi-los dizendo a seu respeito? O que menos gostaria de ouvir?

15. Ao olhar para sua vida, quais os momentos em que você foi mais autêntico? O que o ajudou a sê-lo? Quais os momentos em que você foi menos autêntico? Por que você acha que isso aconteceu?

16. Qual a melhor época de sua vida? Fale-me sobre ela. Qual a pior época de sua vida? Fale-me sobre ela.

17. Quais as coisas que permaneceram as mesmas em você durante toda a sua vida tanto como criança, como jovem, como adulto, quanto agora? Quais as coisas que mudaram em você nesses diferentes períodos de sua vida?

18. Que coisas você precisa para terminar sua vida, para completá-la? Você pode realizá-las neste quarto de hospital?

19. Durante esse período, quais os momentos mais longos do dia para você? Geralmente, o que você sente e pensa durante estes momentos?

20. Em um antigo manuscrito *The Book of Splendor*, aparece a afirmação: "O objetivo de Deus não é acrescentar anos à nossa vida, mas acrescentar vida aos nossos anos". O que você pensa dessa afirmação?

21. Qual a coisa dentro de si mesmo que você mais tem medo de experimentar conscientemente? De pensar e sentir? Atualmente, é tão necessário ocultá-la de si mesmo como era no passado?

22. Qual a coisa a seu respeito que você ocultou dos outros? Atualmente, parece tão necessário ocultá-la como no passado?

23. Durante toda a nossa vida, tentamos transformar as pessoas naquilo que pensamos que elas deveriam ser. Neste momento da vida, muitas vezes podemos perceber que amar é aceitar as pessoas como elas são e permitir que sejam como são, embora esperemos e desejemos mais para elas. Você é capaz disso por aqueles que ama? O que o impede de ser assim?

24. O Tempo de Morrer é o último período de aprendizado que possuímos na Terra. Qual a lição que ele encerra e que você deve aprender em seu Tempo de Morrer? O que o está impedindo de aprendê-la?

25. Qual o papel mais importante que você representou nos últimos anos? Quais as máscaras que vestiu com maior freqüência na presença dos outros? Você deseja representar esses papéis durante estes últimos períodos?

26. Durante toda a nossa vida tentamos *conseguir* alguma coisa, *fazer* alguma coisa. O que você tentou fazer nos últimos anos? Ainda é importante para você? Como você pode finalizar essa tentativa para que ela termine com muita harmonia e honestidade?

27. Nos últimos anos, você trilhou principalmente somente um caminho? Existe algum outro caminho que agora você precisa trilhar, para tornar mais completa a jornada de sua vida?

28. Existe alguém que você protegeu nos últimos anos, às custas de muito tempo e energia? Você ainda está tentando protegê-lo ou protegê-la? (Ou ser algo para ele ou ela?) Continuar protegendo essa pessoa é a melhor coisa para ele ou para ela? Para você?

29. O que você precisa para *terminar* sua vida? Você pode fazê-lo desta cama? Como, ou por que não? O que precisamos para terminar as coisas está em *você* e é dentro de você que pode fazê-lo.

> *Eu nunca vi uma charneca,*
> *Eu nunca vi o mar.*
> *Mas, mesmo assim, sei o que é a urze*
> *E o que deve ser uma onda.*
>
> EMILY DICKINSON, n? 1052

30. Qual a coisa que lhe aconteceu e que você nunca conseguiu perdoar a Deus (ou às Parcas)?

> *Oh, Tu que criaste o homem na terra,*
> *E que no Éden criou a serpente,*
> *Por todos os pecados que enegrecem o rosto do homem,*
> *O homem oferece o perdão — e o tira!*
>
> The Rubaiyat, *de Omar Khayyam*

31. Em que você mais precisa do perdão de Deus?

32. Há a história de um dos importantes rabinos chassídicos, chamado Zusya. Sua congregação pediu-lhe que fizesse uma coisa, uma determinada atitude política. Ele se recusou. Eles disseram: "Se Moisés fosse nosso rabino, ele faria". Zusya respondeu: "Quando eu morrer e ascender e ficar perante o trono, Deus não irá me perguntar por que eu não fui Moisés. Ele irá me perguntar por que eu não fui Zusya". Essa história se relaciona de alguma maneira com você e sua vida? Como?

33. Qual foi a melhor estação do ano para você? Por quê?

Essas perguntas podem parecer exigir muito da pessoa que está morrendo e sugerir que é possível adquirir muito crescimento — crescimento que em outros períodos da vida exigiram anos de vivência e/ou psicoterapia para ser atingido — em pouco tempo, durante o Tempo de Morrer. Isso é verdade. E também é verdade que esse tipo de crescimento é *o trabalho de desenvolvimento apropriado* a esse período de vida e, portanto, com freqüência pode ser realizado muito rapidamente.

A pergunta fundamental e crítica com a qual abordamos as pessoas em seu Tempo de Morrer é algo assim: "Como você se sente a respeito do que está lhe acontecendo?". Ela quer dizer (se realmente for expressa como uma pergunta para a qual você deseja uma resposta): "Podemos conversar sobre qualquer coisa que você quiser. Eu não estou com medo. Eu não faço parte da conspiração de silêncio que o cerca, a não ser que você queira que eu faça". Proporciona-se às pessoas uma situação aberta que não é agressiva ou exigente. Elas podem responder como desejarem, seja queixando-se da alimentação ou das enfermeiras, seja lamentando o fato de deixarem as pessoas amadas ou demonstrando tristeza por uma vida desfeita ou medo da vida após a morte. O fato surpreendente a respeito dessa pergunta é que ela raramente é feita.

Algumas vezes, a pessoa que está morrendo responde simplesmente aos aspectos superficiais da situação. O questionador talvez perceba que o paciente deseja falar sobre outras coisas, mas ainda não acredita que o questionador esteja realmente, mesmo implicitamente, dizendo: "Eu posso e irei conversar sobre qualquer coisa que você desejar. Sua agenda é a minha agenda". Neste caso as duas perguntas seguintes também não são agressivas e, ao mesmo tempo, transmitem a mensagem: "Atualmente, qual é a parte do dia mais longa para você? O que ocupa a sua mente durante esse período?".

No meio da noite, surgem coisas do passado, que nem sempre são motivo de regozijo — as batalhas dolorosas não resolvidas, os erros, as razões para vergonha ou desgosto. Mas todas, boas ou más, dolorosas ou deliciosas, formam uma rica tapeçaria, e todas me oferecem um assunto para pensar, uma questão para desenvolver.

MAY SARTON, *At Seventy*

Uma segunda pergunta exploratória, com freqüência muito proveitosa, é: "Se você pudesse modificar parte do que está acontecendo agora — não o resultado total, mas uma parte —, qual seria?

A pessoa que está morrendo diz uma variedade de diferentes adeuses. Sendo sensíveis e compreensivos com essas diferentes despedidas, os terapeutas e os amigos podem ajudar a pessoa que está morrendo a completar o trabalho de morrer. Quando se encontra no Tempo de Morrer, você está deixando:

1. Você mesmo: seu próprio ser, suas dores e sofrimentos, suas esperanças e aspirações, as coisas realizadas e as coisas inacabadas.

2. As partes de si mesmo que você não preencheu até agora; as partes que não foram regadas nem pelo seu reconhecimento to-

tal, nem nutridas pela aceitação e expressão. Esta é a última oportunidade para reconhecê-las, recebê-las afetuosamente de passagem, e — finalmente — integrá-las ao resto de seu ser.

3. Aqueles a quem ama e as possibilidades não satisfeitas em você, de amá-los mais completamente e reconhecer todo o amor deles por você. Em seu soneto "Como eu te amo...", Elizabeth Barrett Browning relaciona muitas maneiras de amar, desde "a amplitude e intensidade e altura que minha alma pode alcançar" até "o nível de necessidade mais tranqüila da luz do sol e do crepúsculo". Essas maneiras, as que vivenciamos, e intensidades do amor que jamais atingimos antes podem agora ser experimentadas.

4. As pessoas com quem você tem negócios inacabados. A não ser que seus assuntos com elas sejam terminados agora, eles nunca mais o serão, e sua morte será a de uma pessoa dividida em duas direções; a da vida e a da morte, e, assim, ela será difícil, atormentada, a morte de um animal ferido.

5. O mundo físico do qual todos somos uma parte. É a última oportunidade de aprender a qualidade confortadora e acolhedora de amar, apreciar e prestar atenção à beleza da natureza. Em uma história medieval, um monge parou para ouvir o canto de um pássaro. Ele ouviu atentamente e, quando prosseguiu viagem, descobriu que haviam passado cem anos.

Algo que sabemos há muitos anos é profundamente importante para compreender o mundo da pessoa que está morrendo. O fato de que, sem propósito, sem significado, a vida interior se desintegra. Precisamos de uma meta para manter nosso ser intato. Existe muita verdade no provérbio bíblico "Onde não há sonho, as pessoas perecem" (Livro dos Provérbios). Seja nestes termos ou como disse Hegel: "A vida só tem valor quando tem como objetivo alguma coisa preciosa", estamos dizendo a mesma coisa. A pessoa que está morrendo geralmente não possui mais metas pelas quais lutar. Mesmo os relacionamentos íntimos que por si só podem dar significado às nossas vidas muitas vezes são enfraquecidos, uma vez que a maioria das pessoas não consegue falar facilmente sobre assuntos como perda e morte. Elas são o tema central no quarto, mas geralmente não são mencionadas porque cada uma das pessoas envolvidas está tentando "poupar" as outras. Contudo, isso faz com que se tornem mais vulneráveis e solitárias. A solidão do processo da morte pode ser muito grande e ocupar toda a existência; e. e. cummings descreveu "... uma pedra lisa e redonda tão pequena quanto o mundo e tão grande quanto solitária".

Ao enfrentarem uma das maiores crises de suas vidas, as pessoas que estão morrendo, com freqüência, encontram-se em situações que enfraquecem seu ego e diminuem sua habilidade para resolver problemas relevantes e se beneficiarem das oportunidades de desenvolvimento. Sem mencionar que é muito mais difícil para as pessoas nesta condição debilitada suportar os problemas de medo, solidão, tristeza e perda.

O terapeuta ou outros que estiverem cuidando da pessoa resolvem essa dificuldade adicional ao proporcionarem um objetivo que pode e deve ser trabalhado durante o Tempo de Morrer. Compreender o padrão e o significado de nossa vida realmente é "algo precioso"; na verdade, é um objetivo importante e valioso e muitas vezes é considerado como tal pela pessoa que está morrendo, independentemente de sua educação ou classe social. A grande maioria dos ocidentais com quem trabalhei em seu Tempo de Morrer pareciam prontos para explorar o padrão de suas vidas.

Quando as pessoas que estão morrendo possuem um objetivo que as envolve, toda a situação se modifica. A desintegração da vida interior se interrompe e reverte. Seu humor fica diferente; a "impotência" não é mais um aspecto tão proeminente. Como escreveu Elizabeth Barrett Browning:

> *Não deixe nenhum homem ser chamado de infeliz até a sua morte. Delimite o trabalho até que o dia termine e o trabalho seja realizado.*

Deitadas em uma cama, incapazes de se levantarem, presas e imóveis por um cateter e diversos tubos e fios, as pessoas muitas vezes ainda são capazes de se envolverem em uma busca ativa pela coisa que — em última análise e quando tudo já foi dito e realizado — é nossa última preocupação, a expansão de nosso próprio ser. Ou, se você preferir, o desenvolvimento de nossa alma. A maioria das pessoas não tem consciência de que esta é uma importante questão para elas. Contudo, a maior parte é capaz de descobrir isso nos últimos dias de vida se contarem com a ajuda e empenho atencioso dos demais.

Aline era muito sozinha no mundo. O marido, pais e parentes haviam morrido no campo de concentração de Ravensbrück. Única médica de uma pequena cidade, era muito amada pelas pessoas. Sua sala estava sempre cheia de flores e cartões de pacientes e membros do conselho municipal. Mas ela estava sozinha, não somente porque não tinha família, mas porque estava muito separada de si mesma. Aos cinqüenta e poucos anos, estava em uma cama de hospital com um câncer pancreático que avançava rapidamente. Ela odiava a si mesma pelo que considerava seu fracasso na vida "por não ter sido uma verdadeira médica, não ter lido as revistas mais recentes e feito cursos especiais durante minhas férias. As revistas geralmente me aborreciam tanto que eu adormecia ou saía e ia trabalhar no jardim após dez minutos de leitura. Quando um de meus pacientes tinha um problema especial, eu pesquisava os tratamentos mais recentes e modernos, mas nunca gostei da medicina. E não podia agüentar os encontros da Sociedade Médica Municipal. Sempre encontrava uma desculpa para não comparecer a eles".

Durante nosso trabalho, enquanto ela estava na fase da doença, ocorreu a seguinte conversa:

EU: Não está na hora de você se preocupar com você e deixar de se preocupar com as reações das outras pessoas a você?
ALINE: Mas elas são importantes. Este é nosso trabalho. É o que eu preciso fazer.
EU: Algumas vezes nosso trabalho é cultivar nosso próprio jardim. O jardim em nosso quintal, ou na frente da casa ou aquele que está em nosso coração.
ALINE: De que adianta cultivar um pequeno canteiro de pedras cercado por arbustos altos e densos?
EU: É assim que você vê seu coração?
ALINE: É.

Trabalhamos juntos durante alguns meses. O câncer continuou evoluindo. Aline tornou-se cada vez mais fraca, e era visível que tinha pouca energia para lutar pela vida. Começou a falar cada vez mais que era hora de ela morrer. Uma noite, sonhou que estava em pé no peitoril da janela de um andar muito alto de um edifício. Ela estava prestes a pular mas mudou de idéia. Entretanto, era muito tarde. Ela ia cair. Não havia nada que pudesse fazer. Então "alguém" lhe estendeu a mão da janela. "Tentei alcançar a mão, mas era muito tarde. Comecei a cair."

Durante alguns dias conversamos a respeito de seus sentimentos. Concordamos que era hora de ela partir e mudamos nossa abordagem, da luta por sua recuperação para a preparação de sua morte — a realização do trabalho de morrer. Começamos a investigar quem Aline precisava perdoar antes que pudesse morrer como uma pessoa completa. Ela sentia que precisava perdoar a menina que fora e a pessoa que era agora, por não ter sido o que deveria. Durante toda a vida ela amara a natureza e a beleza — ela quase transbordava "flores e poesia!" — quando a coisa certa e real era se preocupar com a ciência e ajudar outras pessoas. Quando criança, acreditava não ser uma boa pessoa devido às suas preferências e aversões. Ela estudara filosofia e a odiava, porém acreditava que *deveria* ter gostado.

Quando lhe pedi para recordar o melhor momento de sua vida (o momento em que se sentira mais rica e mais à vontade consigo mesma, o momento que mostrara que ela era capaz de sentir; se pudesse recuperar essa percepção de si mesma e do mundo, ela poderia usar esse sentimento quando chegasse a hora de deixar a vida), ela me contou sobre a época em que tirara férias em Devon. "Uma tarde fui tomar chá em um restaurante no campo. O chá era servido ao ar livre, no jardim mais belo que já havia visto. Eu estava cercada por flores de todos os tipos, tão perfeitamente distribuídas — as pequenas na frente, depois as médias, e então as grandes rosas como pano de fundo. As cores se combinavam como se o próprio Deus as tivesse arranjado. Os arbustos estavam repletos de pássaros que cantavam. Sentei-me à mesa no meio do jardim, e meus olhos se embriagaram com a beleza perfeita. Fiquei sentada, extasiada, absorvendo toda a beleza, até que não pude mais distinguir as cores, as fragrâncias e os sons. Foi um momento perfeito. Nem mesmo reparei no famoso chá de Devon acompanhado por creme azedo e compotas caseiras." Quando mencionei o "Jardim de Deus", de D. R. Gurney:

> *O calor do sol para o perdão,*
> *Os sons dos pássaros para a alegria;*
> *Em um jardim, estamos mais próximos do Coração de Deus*
> *Do que em qualquer outro lugar na Terra.*

ela concordou e disse, séria e tranqüilamente: "E mais perto de meu coração também".

Em outro momento, perguntei-lhe qual a estação do ano que para ela era a melhor. Ela respondeu sem hesitar que era a primavera e citou parte de um poema de Swinburne, a respeito do mês de abril, quando

> *... o tempo recordado é a tristeza esquecida*
> *E a geada é destruída e flores são geradas,*
> *E na vegetação verde e protegida*
> *De flor em flor a primavera começa.*

Ela sentia que estivera mais próxima de si mesma em uma reserva de pássaros no sul da França, onde certa vez ficara durante uma semana. "E naquele jardim em Devon, que eu gostei tanto."

Pouco a pouco, Aline desenvolveu compaixão pela menina que fora ensinada — por pais amorosos e bem-intencionados que jamais imaginaram o quanto a estavam magoando — a rejeitar sua maneira natural de ser e adotar — para agradar àqueles que amava — um modo de vida diferente. Concordamos que ela era "um jardineiro frustrado" e rimos juntos. Seu sorriso era suave e pensativo.

O tema central de sua vida foi o de uma pessoa simples que tentava ser ela mesma, em um mundo que rejeitava o que ela era. Em seu mundo, o único valor verdadeiro vinha dos intelectuais que ajudavam as outras pessoas, e Aline sempre concordou com isso. Essa visão foi tão reforçada pelas pessoas que conheceu no curso secundário e na faculdade de medicina, por suas experiências no campo de concentração e pelo amor e respeito que seus pacientes lhe dedicavam, que ela jamais a questionou. Ela apenas culpou a si mesma por não ser capaz de apreciar entusiasticamente o tipo de vida que escolheu. Sentia que *sabia* que havia alguma coisa básica e profundamente errada com ela.

A despeito disso, Aline constantemente expressou seu verdadeiro ser de muitas maneiras. "Como o lugar que escolhi para praticar a medicina. Uma pequena cidade, onde podia ter flores e árvores em meu quintal e onde as pessoas gostavam da idéia de eu ter meu próprio jardim de ervas. Isso se encaixava em suas antigas tradições. E nos lugares onde passava minhas férias. Eram sempre lugares em que a natureza estava presente." Ela também o expressava na beleza organizada das rotinas que criara em sua vida uma beleza que somente agora ela estava começando a compreender.

"Acho que usei minha inteligência para satisfazer os dois conjuntos de necessidades — as minhas e as dos meus pais. Fui capaz de fazer as duas coisas — deixá-los orgulhosos de mim e encontrar a beleza que eu precisava. Quando você tocou nesse assunto, consegui combiná-los muito bem. Eu tive a minha fatia do bolo e também a comi. Não vejo como alguém — independentemente de sua inteligência ou do quanto trabalhou — poderia ter conseguido uma vida melhor, partindo de elementos tão diferentes. Foi uma síntese bastante harmoniosa, não?"

Mais ou menos nessa época, Aline reescreveu seu testamento. Fui uma das testemunhas em sua assinatura e, mais tarde, ela me pediu para lê-lo. Originalmente, ela havia deixado todo o seu dinheiro para a sociedade médica local. "Agora não estou lhes deixando nada. Nunca gostei daquelas pessoas ou de seus encontros pomposos, absorvidos em si mesmos." Agora, ela havia dividido seu patrimônio entre o Sierra Club (uma organização ecológica) e a Fundação Simon Wiesenthal (uma organização que se dedica a encontrar antigos nazistas e guardas de campos de concentração) "para que aquilo que aconteceu aos meus pais e a mim tenha menos possibilidade de acontecer novamente". Sobre o testamento, ela disse: "Estou tomando esta decisão por mim e é uma decisão *totalmente* minha. Talvez esta seja a primeira vez em minha vida que faço uma coisa assim". Refazer o testamento foi uma declaração corajosa de sua parte. Estava assustada por fazê-lo, mas, exclamou ela, "faz com que eu me sinta orgulhosa".

O câncer estava progredindo e estávamos chegando ao fim. Decidimos lhe fazer uma cerimônia no final de sua vida. Aline escolheu as músicas que desejava ouvir pela última vez, a última parte da *The Creation*, de Haydn, e o *Concerto para Quatro Clarins*, de Mozart. Enchemos seu quarto com plantas floridas e colocamos todas as flores que estavam no quarto como pano de fundo, desligamos o telefone, e pedi para as enfermeiras do andar que nos garantissem privacidade e pendurei um aviso de "Não Perturbe" na porta do quarto. Tocamos as músicas, juntos rezamos o *Kaddish* para seus pais, e ela leu, primeiramente em voz alta e depois para si mesma, algumas poesias em alemão, de que ela tanto gostava quando criança. Então, recostou-se na cama e relembrou novamente a experiência no jardim de Devon e no jardim onde brincara quando criança. Após a cerimônia, ela parecia serena e relaxada e adormeceu. Uma hora depois, a enfermeira trouxe o medicamento para dor e ela despertou, sorriu e disse à enfermeira que não precisava mais dele. Ela voltou a dormir e eu fui embora. Permaneceu serena e tranqüila, sem necessidade da medicação para dor até a tarde seguinte, quando morreu enquanto dormia.

Naturalmente, o trabalho com a morte (ou qualquer outra forma de terapia) nem sempre termina tão bem. Contudo, esse esboço mostra a direção do trabalho e como ele deve ser individualizado para cada paciente, permitindo que cada um possa compreender e aceitar a si mesmo.

Aqueles que trabalham com pessoas no Tempo de Morrer devem estar especialmente conscientes de situações em que se diz, a respeito de um paciente que está morrendo: "Ele está aceitando muito bem, não?". Isso significa que a pessoa que está morrendo não está demonstrando como é importante o fim de sua vida; que ela está sendo muito cuidadosa para não aborrecer ninguém e protegendo todos, numa época em que existem outras coisas a serem realizadas; que ela está agindo como se ainda estivesse na fase da doença. Assumir esse papel nos últimos dias é um direito inalienável da pessoa, e *ninguém* tem o direito de forçá-la a mudar a maneira que escolheu para passar seus últimos momentos. Mas — e é um *mas* muito amplo — a maioria das vezes em que os pacientes escolhem este papel não é porque o preferem, mas porque acreditam que é isso que o hospital espera deles e que esta é a atitude adequada. Muitas vezes, quando os pacientes que manifestam esse tipo de comportamento têm a oportunidade de demonstrar seus verdadeiros sentimentos, de modo que se torne claro que existe uma escolha verdadeira e que podem escolher livremente, o comportamento muda muito; os sentimentos profundos, tão típicos desse período, são aceitos pelo paciente e transmitidos, e o paciente deixa de se encontrar na situação habitual dos que estão morrendo, que Tolstói descreveu como "no seio de sua família ele estava mais sozinho do que se estivesse do outro lado da Lua ou no fundo do mar".

Uma importante razão pela qual muitos profissionais não desejam trabalhar com pessoas que estão morrendo, e que deixa parentes e amigos tão desconfortáveis, é que eles sabem que não serão capazes de responder a muitas das perguntas formuladas. Perguntas como "Por que eu?", "O que acontece depois da morte?", ou: "Por que a vida é tão injusta — quer você viva ou morra, não há nenhuma relação com o tipo de pessoa que você é".

Entretanto, é um erro acreditar que você — profissional ou amigo — deva ser capaz de responder a essas perguntas, que sua imagem e a atitude da pessoa com relação a você exigem que tenha uma resposta pronta. Isso está muito longe da verdade. Espera-se que você *ouça* as perguntas e compreenda que o paciente está lutando contra elas. Você pode identificá-las como algumas das importantes questões com as quais a humanidade sempre se debateu e dizer que algumas pessoas encontram uma resposta e outras, não, mas que os seres humanos não conseguiram uma resposta *correta* para todos. O filósofo Immanuel Kant escreveu que existe uma determinada classe de importantes perguntas que os seres humanos estão destinados a enfrentar e com as quais se preocupar, mas que essas perguntas não podem — em princípio, não podem — ser respondidas pela lógica ou pela razão. Cada pessoa deve pessoalmente responder a elas para si mesma. Cada um de nós pode oferecer pistas ou idéias para os outros, mas nunca respostas. O fato essencial aqui é que o paciente não está lhe pedindo para responder à pergunta, mas para ouvir e compreender a importância que ela tem para ele. Uma resposta rápida ou definitiva irá enfraquecer sua relação, muito mais do que se você não lhe responder e apenas aceitar a situação do paciente e as dificuldades que está enfrentando.

Trabalhar com pessoas que estão morrendo causa muitas ansiedades que, com freqüência, bloqueiam a habilidade do terapeuta de ajudar o paciente. Antes que qualquer um inicie esse trabalho, recomendo que, pelo menos, você tenha algumas sessões de terapia em que possa discutir seus próprios sentimentos a respeito de sua mortalidade. Talvez você não consiga resolver muitos problemas em apenas algumas sessões, mas conhecerá melhor seus verdadeiros sentimentos e, assim, poderá compensá-los e evitar que prejudiquem as pessoas que está tentando ajudar.

Os terapeutas, ao trabalhar com pessoas que estão morrendo, devem esperar que elas irão morrer! Esta parece uma estranha afirmação, mas ela é necessária. Primeiro, independentemente do tempo de preparação, quando alguém com quem estamos envolvidos emocionalmente morre, nós não estamos preparados para isso. A morte é muito abrangente e incompreensível para que possamos lidar com ela em nossas condições habituais. Ela é sempre um choque, se estivermos emocionalmente ligados à pessoa.

Este não é o lugar para entrarmos em detalhes sobre os sentimentos do terapeuta quando o paciente morre. Livros como *Understanding Your Grief*, de Edgar Jackson, tratam detalhadamente do assunto. Porém, resumidamente, os terapeutas devem esperar uma reação de si mesmos. Estas reações irão variar de acordo com o terapeuta, com o relacionamento e outras variáveis, mas serão *reais* e devem ser esperadas. Elas não são racionais, nem previsíveis.

Igualmente, os terapeutas não devem esperar reações racionais ou previsíveis dos parentes e amigos da pessoa que morreu. De vez em quando elas chegam a extremos e, muitas vezes, em direções inesperadas. Erich Maria Remarque contou a história de três homens que conheceu, cujas esposas morreram subitamente em acidentes. Após o funeral, um deles voltou para seu apartamento, fechou as cortinas, desligou o telefone e não falou com ninguém durante duas semanas. O segundo foi para o clube de xadrez e jogou durante dois dias, até desmaiar de exaustão. O terceiro foi para o bordel mais extravagante da cidade, fechou o lugar e passou um fim de semana de orgias. "Eu nunca pude", disse Remarque, "em minha própria mente, ter certeza de qual desses homens amou mais a esposa, ou qual deles ficou mais machucado por sua morte."

Na situação comum em hospitais, há uma tremenda pressão para que os pacientes que estão morrendo continuem sendo "bons" pacientes e não tornem difícil a vida da equipe médica. A próxima vez que você estiver fazendo visitas em um serviço para pacientes muito doentes, afaste-se um pouco e observe a linguagem corporal da equipe médica, enquanto inconscientemente treinam o paciente a responder e ensinam como um "bom" paciente deve responder. O médico que dirige a visita pergunta alguma coisa assim: "Como você está se sentindo hoje?". Se o paciente diz: "Estou bem, doutor, um pouco melhor do que ontem", o médico continua olhando o paciente, conversa afetuosamente com ele durante alguns minutos e *reconhece sua existência* antes de voltar os olhos para a ficha. Se o paciente diz: "Estou muito pior hoje, doutor" (ou: "Estou assustado porque estou morrendo", ou: "Por que isso me aconteceu?"), o médico desvia o corpo e a atenção para a ficha ou para outro membro da equipe com quem discute os procedimentos médicos seguintes e *deixa, tão rapidamente quanto possível, de reconhecer a existência do paciente*. Este é realmente um treino de condicionamento — a modificação violenta do comportamento.

É verdade que muitos médicos não se comportam assim com seus pacientes. Mas uma grande porcentagem adota esse procedimento e isso inclui alguns dos melhores, mais competentes e mais cuidadosos. Eles foram treinados a se sentirem mais confortáveis lidando com bons pacientes, e inconscientemente treinam o maior número possível de pacientes a reagirem da maneira "certa".

Como poucos profissionais foram treinados para se relacionarem com pessoas que estão morrendo, nossas ansiedades fazem com que nos afastemos deles através de atitudes que muitas vezes são inconscientes. Por essas razões, repito novamente que os terapeutas que vão trabalhar com pacientes portadores de doenças fatais *devem* se esforçar para saber e aceitar como eles mesmos se sentem a respeito desse tipo de relacionamento.

Quando Martha Gassmann, M.D., era minha psicoterapeuta de controle (supervisora), nós nos encontrávamos regularmente para discutir os pacientes com câncer com os quais eu estava trabalhando. Um dia ela me disse: "Como está indo com Bobbie? Há algum tempo você não a menciona".

Respondi que Bobbie estava indo bem e que eu queria discutir os problemas de dois outros pacientes. Então, Martha disse: "Mas, primeiro, vamos falar um pouco de Bobbie. Como *ela* tem estado ultimamente?" Irritadamente, respondi que ela estava bem e que eu tinha coisas importantes para discutir nesta sessão. Ela disse: "Sim, mas apenas por um momento, como ela *está*?".

Nesse ponto, irrompi em lágrimas. Percebi que Bobbie estava morrendo. Trabalhávamos juntos havia muito tempo e eu simplesmente não fora capaz de enfrentar o que eu sabia que estava acontecendo. Eu havia me afastado emocionalmente dela, tornando realidade suas piores fantasias, de que se algum dia deixasse alguém saber quem ela realmente era essa pessoa iria rejeitá-la. Eu havia entrado em seu quarto o número certo de vezes e disse todas as coisas certas, mas emocionalmente eu não estava presente, e Bobbie sabia disso. Eu estava tornando o seu Tempo de Morrer muito pior.

A necessidade de uma supervisão ocasional, pelo menos quando se está trabalhando com pessoas que estão morrendo, não é exagero. Ela é verdadeira, independentemente de sua experiência.

Há uma forte tendência (felizmente um pouco menor a cada ano) de se administrar aos pacientes que estão morrendo uma quantidade de drogas muito maior do que a necessária. Não estou me referindo à medicação para controlar a dor (estas devem ser oferecidas em qualquer quantidade necessária), mas das drogas destinadas a tranqüilizar o paciente. Geralmente, o excesso de medicação deve-se à ansiedade que as pessoas nessa fase provocam no médico. Primeiro, existe a forte possibilidade de que, a não ser que sejam desencorajadas pelas drogas, elas façam perguntas que os médicos erroneamente acreditam que deveriam ser capazes de responder. Segundo, há a crença de que os pacientes que estão morrendo refletem o fracasso da medicina e, conseqüentemente, o do médico. E reforça a superstição muito difundida no Ocidente, durante o século XX, de que *ninguém* morre, a não ser que a medicina tenha fracassado em seu trabalho para salvá-lo. A morte não é considerada uma conclusão natural da vida, mas sim resultado da incompetência do tratamento médico. (Em algumas sociedades primitivas, acredita-se que *todas* as mortes são causadas pela ação hostil de uma feiticeira, mas naturalmente estas são sociedades muito primitivas!) Os terapeutas que trabalham com pessoas em seu Tempo de Morrer devem refletir a respeito de suas próprias crenças neste assunto.

(Certamente houve uma ampla melhora, nos últimos dez anos, na maneira como os pacientes que estão morrendo são tratados nos hospitais. Por exemplo, existem muito menos medidas heróicas que transformam o programa médico em uma longa e desesperada tortura, antes de se permitir que o paciente morra decentemente. Cada vez mais raramente os pacientes estão sendo oprimidos por extensas e inúteis intervenções cirúrgicas e tratamentos químicos.)

Algumas vezes, as pessoas entram na fase da morte muito cedo, quando ainda não esgotaram suas reservas, nem descobriram as potencialidades dentro de si mesmas, que ainda podem cultivar. Experiências anteriores talvez lhes tenham ensinado que elas não podem ter ou expressar determinadas partes de si mesmas e, apesar disso, essas partes podem estar prontas para se desenvolverem e se realizarem. A tarefa do terapeuta é ter consciência dessa possibilidade.

Rae, uma mulher de cerca de setenta anos, morava em um edifício de apartamentos na Flórida, com o segundo marido. Ela tivera quatro filhos, dos quais três já haviam morrido (um deles em Iwo Jima), assim como o primeiro marido. Ela se casou logo após terminar o curso secundário e durante toda a vida fora uma dona-de-casa, cuidando de duas famílias. Agora, ela, o marido e todos os outros aposentados do edifício passavam os dias sentados ao redor da piscina, conversando sobre os *shows* da televisão, jogando cartas e planejando com quem iriam jantar aquela noite. Para todos, a vida era tranqüila, fisicamente fácil, aborrecida e insatisfatória. Embora alguns homens e mulheres do edifício trabalhassem, alguns como voluntários, outros em empregos remunerados, poucos dos outros consideravam essa possibilidade — apesar de os que trabalhavam terem um *status* mais elevado e fossem as companhias mais procuradas para o jantar.

Quando o segundo marido de Rae morreu de ataque cardíaco, ela se sentiu completamente abandonada, e sua vida terminou. Ela não estava apenas pranteando todos os seus mortos, mas também em profunda depressão, e sentindo que a vida não tinha mais nada a lhe oferecer. Durante uma semana, enquanto seu único filho estava com ela, antes de voltar para Chicago, Rae permaneceu em seu apartamento e demonstrou pouco interesse por qualquer coisa. Ela estava perdendo peso, ficando mais fraca e entrando no Tempo de Morrer. Estava gradativamente se afastando da vida e já dissera adeus a ela.

Um dia antes de partir para Chicago, o filho pediu-lhe para descer com ele até a piscina. Ela resistiu durante algum tempo e então, como lhe parecia muito mais difícil discutir, concordou. Perto da piscina, ele a levou até um local afastado onde havia duas cadeiras, sentou-se ao lado dela e disse: "Você está vendo aquelas mulheres, sentadas ao sol, lendo revistas e falando sobre programas de televisão e restaurantes? Você tem três escolhas quanto ao que fazer com sua vida, e a escolha que fizer é totalmente sua. Você pode, amanhã ou depois de amanhã, juntar-se a elas e fazer parte do grupo novamente. Se o fizer, em um mês você desejará, ainda mais do que agora, estar morta, e em seis meses você estará morta. Ou você pode ficar em seu apartamento e a mesma coisa acontecerá. Exceto talvez que com maior rapidez. Ou você pode fazer alguma coisa. Esta é a primeira vez em sua vida em que *ninguém* está exigindo coisas de você ou dependendo de você para preparar as refeições e consertar roupas. Durante toda a sua vida, você cuidou dos outros e agora não existem outros, existe apenas você. Você possui quarenta anos de experiência na educação de crianças e sabe ajudá-las a encontrar o trabalho e o modo de vida de que necessitam. Agora, a única pessoa que pode utilizar essa experiência é você mesma, e você precisa disso tanto ou mais do que as crianças. Você é inteligente, capaz e nunca descobriu suas habilidades além dos afazeres domésticos, e esta é sua última chance. Você tem uma escolha. O que decidir irá determinar se viverá infeliz e terá uma morte amarga, vazia, ou se começará a descobrir e desfrutar sua própria vida pela primeira vez". Enquanto ele proferia esse discurso forte, cujo tom era muito diferente do de sua maneira habitual de se relacionar com ela, Rae olhou-o com uma expressão espantada e assustada. Depois que ele partiu, ela passou diversos dias no apartamento. Então, procurou na lista telefônica o número de algumas instituições sociais e de caridade e marcou encontros com o diretor dos voluntários. Depois de obter informações, descobriu o que a organização fazia, e em poucas semanas decidiuse por uma organização que angariava fundos para um hospital. Rae começou fechando envelopes e em um ano estava dirigindo outros voluntários. Ao final de três anos, ela era (não-remunerada, porém oficial) diretora executiva da organização e também iniciara o primeiro verdadeiro caso de amor de sua vida. Durante os dez anos seguintes, trabalhou pelo menos cinco dias por semana e diversas noites para a organização.

Antes da morte do segundo marido, Rae tivera mais de um ataque cardíaco e estivera algumas vezes na unidade de terapia intensiva, em média, uma vez por ano. Depois que começou a trabalhar, as hospitalizações diminuíram e nos doze anos seguintes só foi internada duas vezes. Finalmente, aos 86 anos, sofreu um grave ataque cardíaco que a matou. Suas últimas palavras para o filho foram: "Nos últimos dez anos, eu amei minha vida".

Em outra parte deste livro, escrevi sobre a necessidade de o terapeuta ter outra abordagem sobre o que significa ser humano e sobre a condição humana, diferente da apresentada nos livros de psiquiatria e psicologia. Isso é particularmente verdadeiro para o terapeuta que trabalha com pessoas que se encontram na fase da morte. O que está nos livros é simplesmente muito limitado e estéril para lidar com os grandes acontecimentos da vida, como o fato de deixá-la. Quer sejamos especialistas em poesia, música, arte, história, filosofia ou teologia, o terapeuta precisa estar consciente daquilo que as mentes mais importantes da raça humana aprenderam e nos transmitiram a respeito da condição humana, muito antes que estes livros existissem. Minha própria abordagem é através da poesia e, neste capítulo e em outros, apresentei alguns exemplos dos *insights* e afirmações dos poetas ingleses, e talvez sobre sua utilidade para ajudar nossa compreensão e nosso trabalho com os pacientes.

Na necessidade de completarmos nossas vidas antes que a deixemos, muitas vezes as pessoas fazem uma viagem, física ou mentalmente, para suas raízes — para lugares da infância ou para lugares e pessoas que foram fundamentais para nossa vida posterior. Com freqüência, em nosso processo de integração existe a necessidade de revisitar e reviver, como as pessoas que somos atualmente, as coisas que nos moldaram e que foram tão importantes para nós.

No belo filme *The Trip to Bountiful*, a atriz Geraldine Page representa uma mulher velha, que mora em um ambiente estranho e se dirige para sua morte, desejando desesperadamente visitar outra vez a cidade de Bountiful, onde crescera. A cidade agora está abandonada, a última pessoa da cidade morreu quando ela esteve lá. Depois de uma viagem difícil, enfrentando forte oposição de todos, ela chega e fica algumas horas olhando e relembrando os pássaros e as árvores de sua juventude. Então, ela precisa voltar para a odiada cidade onde mora, mas agora ela volta em paz. Sabe que em breve irá morrer e que isso não é mais motivo de tristeza. Ela completou sua vida. Agora, ela forma um todo coeso.

Richard Cantwell, personagem de *Across the River and into the Trees*, de Hemingway, também realiza o trabalho de sua morte. Consciente de que irá morrer logo, ele revê sua vida e percebe que realizou a única meta verdadeira de sua vida — ser um oficial-general do exército dos Estados Unidos. Conscientemente, diz adeus às duas coisas que mais ama, a namorada e a cidade de Veneza. Cantwell voltara a Veneza para morrer, porque este foi o lugar mais importante para ele durante sua vida e onde teria escolhido viver se pudesse. Ele olha para a cidade pela última vez, sentindo-a novamente, e conscientemente diz adeus a todas as coisas que tornaram sua vida tão significativa. Então, novamente revê sua vida, juntando todas as partes, sentindo seu padrão e significado, e morre tristemente, porém sem arrependimentos ou amarguras.

Esses são dois casos da literatura em que o trabalho da morte foi bem realizado. Em outros, houve tentativas que fracassaram, quando a pessoa não recebeu nenhuma ajuda ou não possuía recursos interiores suficientes para compreender o processo. Eu poderia demonstrar que essas mortes são muito diferentes, dilaceradas pela amargura, raiva e tristezas. A morte de Ivan Ilich, de Tolstói, seria desse tipo. Ou o caso de George Bowling, personagem de *Coming Up for Air*, de Orwell. (Embora Bowling não morra no livro, seu fim está determinado e nítido.)

Algumas pessoas realizam o trabalho de sua morte visitando determinados lugares pessoalmente. Após um ataque cardíaco, senti grande necessidade de visitar a Universidade William and Mary, onde descobri muito de mim mesmo como adulto e onde encontrei muito motivo de satisfação e significado para toda a minha vida. Voltar ao departamento de psicologia, onde descobri pela primeira vez a satisfação intelectual e então poder observar uma vez mais as árvores e caminhos que me viram tornar-me adulto, significou muito para mim e trouxe uma nova paz à minha vida.

Outros fazem a viagem para Bountiful — a jornada ao passado, para reintegrá-lo ao presente, compreendendo e experimentando a harmonia e a sinfonia de nossa vida — de outras maneiras. No belo e importante romance de May Sarton, *A Reckoning*, a protagonista Laura Spelman, presa à cama e à morte, traz para a cabeceira de sua cama a pessoa mais importante de sua vida, alguém de quem está separada há muito tempo e que agora está distante uma eternidade e um oceano. Elas conversam e estão juntas, e assim ela completa sua vida e morre em paz.

Algumas pessoas, como a mulher com quem Jung trabalhou, fazem esse trabalho através da exploração interior, sozinhos ou com a ajuda de um amigo, companheiro e/ou psicoterapeuta. Dessa maneira, talvez a jornada possa ser efetuada com mais eficiência. Certamente, em muitas mortes essa é a única maneira possível. Os lugares do passado talvez não possam ser visitados fisicamente, ou porque não existem mais ou, com maior freqüência, porque a pessoa não pode sair da cama. As outras pessoas importantes talvez também não possam vir. Mas a jornada pode ser realizada na mente e a integração total pode ser feita nela. Nas palavras de Emily Dickinson:

São necessários um trevo e uma abelha
para se criar uma pradaria
E também, sonho.
O sonho é o bastante,
se houver poucas abelhas.

N? 1775

Novamente, a importância dessa integração final para uma pessoa que está morrendo não pode ser superestimada. Sem ela, a vida da pessoa é como uma sinfonia sem o último movimento, a parte em que todos os temas anteriores se combinam no final triunfante.

Existem alguns indivíduos que rejeitarão a idéia de trabalhar com um terapeuta durante o Tempo de Morrer. Alguns preferem morrer no estilo em que viveram e isso pode incluir pessoas que foram muito reservadas em seus sentimentos, durante toda a vida. Outros não consideram a discussão de seus sentimentos uma maneira de manter sua dignidade. Entre outras razões, estão as pessoas que preferem morrer com suas ilusões intactas, em lugar de explorá-las e, provavelmente, ter que desistir delas.

Uma paciente, no início de nossa quinta sessão (ela estava no hospital com um câncer de mama metastatizado), disse que não desejava mais trabalhar comigo:

EU: Entendo o que você deseja e, naturalmente, você é que deve decidir o prosseguimento das sessões. Mas existe algo que gostaria de lhe perguntar. Não para discutir com você ou tentar fazê-la mudar de idéia. Devo ter dito ou feito alguma coisa estúpida ou que a magoou. Se eu souber o que foi, então não a farei novamente e não machucarei alguém tanto quanto obviamente a machuquei.

PACIENTE: Não, não foi nada que você tenha feito ou dito. Acontece apenas que eu posso ver para onde estamos indo. Se eu continuar a trabalhar com você, terei que examinar meu casamento. E, se eu o examinar, eu o perderei, e se esta é uma escolha entre meu casamento e minha vida, prefiro perder a vida.

Depois disso, separamo-nos cordialmente. De vez em quando, eu aparecia em seu quarto e continuamos amigos até sua morte. Ela conscientemente escolhera conservar aquilo que sabia ser uma ilusão e eu pude apenas aceitar e respeitar sua escolha e desejar-lhe felicidades.

Jung, acredito, foi o primeiro a explicar que as pessoas que são felizes durante a vida têm uma segunda adolescência. Geralmente, se acontecer, isso ocorre entre os quarenta e os sessenta anos de idade. Nessa oportunidade de desenvolvimento, modificamos nossa orientação original, que nos tornava preocupados com as opiniões dos outros, e passamos a nos preocupar com o crescimento e vir-a-ser de nosso próprio ser. Muitos não passam por esse estágio. Outros tentam e fracassam, geralmente retornando mais rígida e concretamente àquilo que eram antes da tentativa. Qualquer um que possua uma experiência longa em hospitais ou asilos terá observado a diferença entre o Tempo de Morrer daqueles que passaram por esse estágio de desenvolvimento e aqueles que não passaram por ele. Os que realizaram essa mudança encontram a morte com muito menos amargura, tristeza e desespero. Eles têm muito menos necessidade de um psicoterapeuta; são seus próprios companheiros, aceitos e conhecidos, durante a jornada.

O Tempo de Morrer é a última oportunidade para se ter uma segunda adolescência. Com freqüência, isso pode ser realizado agora, mesmo que há muitos anos tenha sido tentado a fazer e haja fracassado. O objetivo fundamental e o trabalho do psicoterapeuta durante o Tempo de Morrer são definir e ajudar o paciente nessa tarefa.

É importante ter consciência de que durante seu Tempo de Morrer, muitas vezes em hospitais modernos, os pacientes raramente são *tocados*. Não quero dizer que eles não recebam cuidados médicos e não são virados e banhados quando necessário. Simplesmente, eles não são tocados de maneira carinhosa, amorosa. Ivan Ilitch, de Tolstói, recebeu mais consolo do camponês Gerassim, que o tocou e ajudou durante os últimos dias de vida, do que de qualquer outra pessoa. Nos hospitais modernos, as enfermeiras muitas vezes têm tantas ocupações fazendo coisas *para* os pacientes, colocando notas no computador e preenchendo fichas, que lhes sobra pouco tempo para estar com os pacientes ou para tocá-los.

Há algum tempo, vi um homem com câncer no pulmão, que estava morrendo em casa. A esposa, que o amava profundamente e mostrava-se muito angustiada com a doença do marido, estava tão ocupada procurando novos tratamentos, consultando médicos, nutricionistas e preparando dietas elaboradas, que não tinha tempo ou energia para estar com ele ou para tocá-lo. Uma senhora húngara, que fazia as tarefas domésticas, de vez em quando o levantava para que pudesse afofar seus travesseiros, esticar os lençóis, amparava-o com seu braço para que ele pudesse tomar água, e coisas assim. Pude ver como isso era confortador para ele, e como precisava do contato físico e do toque. Aquelas pessoas que estão em contato com criaturas que estão morrendo devem perceber que, muitas vezes, as criaturas neste estágio da vida estão com carência de toques, e as pessoas não devem se envergonhar de ajudá-las a satisfazer essa necessidade. Não há dúvida de que ser tocado é uma necessidade fisiológica e neurológica, bem como psicológica. Ela se relaciona profundamente com a habilidade do paciente para utilizar os recursos de seu sistema imunológico, assim como para se sentir relaxado e confortado.

Escrevi que uma das metas do terapeuta que trabalha com a pessoa que se encontra na fase da morte é ajudá-la a conseguir uma morte transcendente, sempre que possível. Isso se refere a uma maneira de morrer que todos os que possuem longa experiência em hospitais já presenciaram muitas vezes. Pouco antes da morte — geralmente entre meia hora e 48 horas antes — o paciente nitidamente passa por uma importante mudança de personalidade. Não é uma mudança no sentido patológico, mas ao contrário. A palavra mais usada para descrever o novo estado é *serenidade*. A pessoa torna-se tranqüila e calma, e obviamente está em paz. O indivíduo está lúcido e completamente consciente de tudo o que acontece ao seu redor, inclusive da aproximação da morte. A necessidade de medicamento para diminuir a dor desaparece completamente, ou fica muito reduzida. Evidentemente, não é uma mudança devida às drogas ou a outros produtos sedativos, que algumas vezes provocam modificações negativas na personalidade das pessoas muito doentes.

Quando se pergunta à pessoa os motivos da mudança, ela é incapaz de explicar e, com freqüência, parece sentir pena daqueles que não compreendem e por isso precisam perguntar. A resposta mais comum é uma variação da famosa resposta de Louis Armstrong, quando lhe perguntaram o que era o *jazz*. Ele disse: "Se você precisa perguntar, você não compreenderá a resposta".

Shakespeare fez um comentário a esse respeito (assim como muitos outros importantes escritores): "Quantas vezes, quando os homens estão próximos de morrer, ficaram alegres. Aquilo que as pessoas chamam de 'um brilho antes da morte'. E, realmente, a palavra *alegre* com freqüência parece adequada".

Diversos observadores também registraram a ocorrência de paranormalidade — como se a telepatia fosse mais comum durante uma morte transcendente.

Ninguém jamais verificou a freqüência desse fenômeno. Minha própria (muito rústica) estimativa é que ele ocorre em um entre quinze ou vinte pacientes que morrem lentamente (não subitamente, como, por exemplo, em um acidente de automóvel) e no hospital. Entretanto, a porcentagem pode ser menor. Nos pacientes com quem trabalhei e que ficaram em paz com suas próprias vidas, que descobriram e aceitaram seu padrão, a porcentagem é muito mais elevada — acima de 50 por cento.

O significado e as causas desse fenômeno não são claros. Contudo, parece ser um objetivo válido para se trabalhar, quando tentamos ajudar pessoas que se encontram na fase da morte. Com certeza os familiares parecem se beneficiar ao presenciar uma morte desse tipo.

Imagino que também existam outras maneiras, talvez relevantes para outras culturas, de se trabalhar para ajudar o paciente a ter uma morte transcendente. A tradição tibetana, que reúne a família ao lado da cama da pessoa que está morrendo, entoando um verso de duas linhas, repetidamente, pode ser outro tipo de tentativa. O verso diz: "Nada para continuar, /Nada a fazer".

A chave básica para se trabalhar com pessoas em seu Tempo de Morrer é a mais antiga regra ética do mundo ocidental: Faça aos outros o que gostaria que lhe fizessem. Esta é a essência. Como você gostaria de ser tratado quando estiver em seu Tempo de Morrer? Esta, naturalmente, é a essência para todos os bons relacionamentos humanos. Não deveria ser necessário mencioná-la aqui, mas é. É necessário mencioná-la simplesmente porque ficamos tão ansiosos quando trabalhamos com pessoas que estão morrendo, tão constrangidos e artificiais em nossos relacionamentos, tão confusos quanto ao que fazer, tão pressionados por teorias, em lugar das regras básicas das relações, que esquecemos esse fato tão elementar.

9

MEDITAÇÃO PARA A TRANSFORMAÇÃO E O CRESCIMENTO

No decorrer da história da humanidade, existiram indivíduos que desejavam o melhor de si mesmos e para si mesmos: desejavam encontrar uma maneira de trabalhar que possibilitasse maior desenvolvimento de seu potencial. Continuamente, em todas as culturas que conhecemos, eles inventaram uma série de técnicas que lhes permitiram realizar esse processo. Curiosamente, as técnicas, quer inventadas na Índia ou na Grécia no século VI a.C., no Japão do século II, nos séculos V ou XV nos desertos da Síria e da Jordânia, nos mosteiros medievais, na Espanha do século XIII, ou na Polônia e na Rússia nos séculos XVII e XVIII, ou em muitos outros períodos e lugares, eram quase as mesmas. Elas variavam muito mais em detalhes do que em essência. Nós as chamamos de *meditações*.

O objetivo básico da meditação é nos ajudar a recuperar alguma coisa que vagamente percebemos ter possuído um dia e que perdemos: uma espontaneidade, uma habilidade para fazer qualquer coisa que estivermos fazendo com dedicação e atenção total, um prazer e uma surpresa ao vermos um pôr-do-sol, ou uma flor ou um pensamento, uma receptividade a novas experiências. Sabemos que, embora um dia tenhamos possuído essas coisas e que não as possuímos mais, elas ainda fazem parte de nosso potencial. Um dia, fizemos parte da realidade total; agora, somos apenas uma parte de um segmento limitado, incluindo aquele que está dentro de nós e talvez de nossa família. Alguma coisa dentro de nós anseia por perspectivas mais amplas e espaços mais extensos. Quando ouvimos dizer que o velho e sábio psicólogo Max Wertheimer definiu um adulto como "uma criança deteriorada", sorrimos em triste reconhecimento. Quando perguntaram ao meditador e místico Louis de St. Martin por que meditava tanto e durante tanto tempo, ele respondeu: "Porque todos nós estamos em um estado de viuvez e é nosso dever casarmos de novo". A melhor resposta que ouvi para explicar por que uma pessoa medita foi dada por um cientista, que disse: "Porque é como voltar para casa!".

A meditação, se realizada seriamente e durante um determinado período, é uma técnica para o desenvolvimento, integração e nutrição da personalidade, visando um crescimento e transformações futuras. Pode ser útil compará-la com a psicoterapia — a outra importante técnica que nós, humanos, inventamos.

Ambos os métodos são sérios. Ambos exigem tempo e trabalho árduo. (*Não há intervalo para o almoço.*) Ambos estão repletos de armadilhas e falsos caminhos. Ambos ainda são formas primitivas de arte, e ainda temos muito a aprender sobre eles. O próximo avanço importante nessa área pode bem ser uma síntese que combine o melhor de cada uma delas.

Para nossos propósitos existem, me parece, quatro diferentes tipos de meditação: na realidade, quatro significados para a palavra normalmente utilizada hoje em dia.

1. Ouvir e acompanhar com nossa mente um orador ou uma fita gravada a respeito de um tema destinado a nos relaxar ou a levar para a nossa consciência uma idéia elevada, boa e sábia. Nós nos relaxamos e acompanhamos a voz e, com freqüência, nos sentimos mais relaxados, mais tranqüilos, sofremos menos; mais capazes de suportar a dor; ou mais elevados e preparados para a meditação.

2. Um segundo modelo é determinar uma tarefa para nossa mente, como repetir uma frase (um *mantra*) continuamente, e então nos relaxar e deixar nossa mente livre. Sempre que ocorrer uma interrupção no fluxo de consciência, repetimos a frase. Esta é uma maneira suave e relaxante de meditação, e geralmente nos sentimos melhor depois de executá-la. É o método amplamente ensinado no Ocidente pela escola conhecida como Meditação Transcendental.

3. No terceiro modelo, trabalhamos ativamente para visualizar partes do corpo (como células cancerígenas), utilizando um símbolo (como pequenas caixas de substâncias venenosas), e um outro, para as forças curativas do corpo (como pequenos guindastes). Então, passamos um determinado período a cada dia visualizando as forças positivas retirando os elementos negativos do corpo. Esse método, como uma terapia para o câncer, foi criado e mais amplamente ensinado por Carl Simonton e Stephanie Simonton-Atchley e pelas pessoas que eles treinaram. Foi mais completamente desenvolvido por Frank Lawlis e Jeanne Achterberg em seu trabalho e em seus livros.

4. No quarto método, uma abordagem mais próxima ao significado original e "clássico" de meditação, trabalhamos muito ativamente para aprender a fazer uma coisa de cada vez com nossa mente e para colocá-la com mais firmeza sob nosso controle. Este é que mais se assemelha ao trabalho ativo em uma sala de ginástica e seu objetivo é harmonizar e treinar a mente, como um atleta harmoniza e treina seu corpo. Assim, se escolhermos o método do mantra, repetindo uma frase continuamente, devemos, durante o período determinado, tentar não fazer outra coisa a não ser a que estamos fazendo. Devemos nos esforçar para permanecer o mais alerta e despertos possível e não fazer mais nada a não ser repetir a frase. Ou, se escolhermos uma outra forma deste método, não fazer mais nada a não ser contar nossa respiração, olhando para uma concha, ou outra coisa qualquer.

Nesse método "clássico", esforçamo-nos para tornar nossa personalidade um todo que funciona suavemente, visando torná-lo mais eficiente na realização de nossos propósitos — para que possamos ser melhores naquilo que desejamos fazer e nas decisões sobre nossas metas. Platão disse que a mente de um adulto é como um navio em que a tripulação se amotinou e prendeu o capitão e o navegador em um camarote do andar inferior. Há uma grande sensação de liberdade — como geralmente sentimos em nossa mente —, mas, segundo Platão, ela é uma ilusão. Não há liberdade para que todas as partes da mente escolham uma meta, um porto, ou, se este é escolhido, para navegar em sua direção. Todas as partes da mente atuam de maneira livre, autônoma, e não existe união. A tarefa de um adulto, continuou Platão, é dominar o motim, tirar o capitão e o navegador do andar inferior e entregar-lhes o comando, para que uma meta seja escolhida e possamos abrir nosso caminho com uma tripulação completa, com todas as partes de nosso ser em mútua colaboração. Esse é o objetivo e o fundamento lógico da meditação clássica.

Esse tipo de meditação possui dois elementos principais. O primeiro é a harmonização e treinamento da personalidade através da tentativa de realizar uma coisa de cada vez, de fazer com que a consciência fique mais sob nosso controle. Em outras palavras: integrar a mente e a personalidade para que elas atuem mais como um todo coeso, e não como um conjunto de partes distintas.

O segundo elemento é o desenvolvimento de uma atitude em direção ao eu, que possa servir de nutrição para um crescimento posterior. Nesse trabalho, estamos constantemente expostos a distrações, independentemente de nosso estágio de desenvolvimento ou do quanto trabalhamos para isso. A mente constantemente devaneia, quer pertença a um professor muito experiente ou a um principiante. O mais importante é a maneira de voltarmos ao trabalho, deixando de lado as distrações. Aprendemos a fazê-lo sendo amorosos e protetores, e não nos condenando e acusando pela nossa atitude. A meditação durante determinado período cria em nós um comportamento positivo com relação ao eu, um comportamento afetuoso, mas altamente exigente, que irá constituir um notável solo para o crescimento futuro.

Este não é o lugar para entrarmos em detalhes a respeito dos quatro tipos de meditação. Existem excelentes livros e professores, e na Bibliografia menciono alguns deles. Contudo, farei alguns comentários a esse respeito.

1. Os quatro tipos de meditação possuem um valor real. Os dois primeiros, ouvir uma fita gravada ou um orador e dar a nós mesmos algum tempo longe dos problemas do mundo e da vida diária, delicadamente repetindo uma frase em nossa mente, são excelentes para se relaxar e descansar todo o organismo. Elas são o mesmo que entrar numa piscina de água quente, corrente, fazer uma sauna e depois uma boa massagem. Certamente, são boas para nós e fazem com que nos sintamos melhor. Também nos ajudam a continuar lidando com os problemas e tarefas que enfrentamos, e com freqüência nos permitem fazer escolhas melhores no que se refere aos rumos de ação que iremos tomar. Entretanto, para uma *transformação* real — por exemplo, se você deseja fortalecer seus músculos — é necessário um trabalho ativo. Isto é, não existe uma maneira fácil para se alcançar mudanças. Se você deseja desenvolver seu corpo e modificá-lo, terá que praticar *cooper*, erguer pesos ou participar de esportes que o façam suar e se cansar. Tanto as primeiras abordagens como as segundas são boas para você. Entretanto, somente as duas últimas, aquelas que envolvem um trabalho árduo, irão modificá-lo.

Embora soe um tanto puritano, sabemos disso há muito tempo. Nem Jesus, Buda ou Sócrates, nem Freud, Jung ou Adler jamais disseram que a verdadeira mudança era fácil ou que poderia ser realizada sem um trabalho árduo e longo. Aprendemos essa verdade, para nossa tristeza e sofrimento, através dos milhares de anos de experiência das escolas esotéricas e de centenas de anos de experiência com a psicoterapia dinâmica. Na verdade, atualmente nós a utilizamos como um teste para professores e gurus. Se alguém lhe prometer uma verdadeira mudança em um curto período (como, por exemplo, os estranhos programas de fins de semana) ou sem que haja muito trabalho de sua parte, este alguém é charlatão. (Pergunte a esses "maravilhosos" professores o que eles sabem que nenhum dos mestres acima mencionados sabiam!)

2. A visualização ativa e a meditação clássica exigem um trabalho longo e disciplinado. O método de visualização baseia-se na idéia de que diferentes partes da personalidade empregam diferentes *tipos* de linguagem. Se eu desejasse me comunicar com um camponês australiano, cujo idioma é inteiramente diferente do meu, eu usaria desenhos — algum tipo de imagens. Essa é a melhor maneira de comunicação entre grupos de idiomas diferentes. Como os mecanismos de autocura estão relacionados à personalidade em níveis muito "profundos", níveis que utilizam um tipo de linguagem diferente da utilizada nos níveis conscientes, usamos imagens simbólicas. Além disso, como a comunicação desse tipo é tão difícil e incerta, repetimos a mensagem continuamente visando (empregando um moderno jargão técnico) conseguir tantos "sinais" quanto pudermos em meio à "algazarra". O propósito dessa forma de meditação é estimular as habilidades de autocura da pessoa e trazê-las em auxílio do tratamento médico. Para os pacientes que a consideram "razoável", em geral ela é um excelente auxiliar no programa terapêutico.

3. O método "aprender a trabalhar para ser capaz de fazer uma coisa de cada vez" também exige um trabalho longo. Ele é o equivalente, sob certos aspectos, a fazer ginástica e erguer pesos ou usar aparelhos de ginástica. Muito lentamente nossos músculos se desenvolvem, algumas partes se tornam maiores, outras, menores, à medida que nos aproximamos daquilo que desejamos. Ninguém espera que realmente melhoremos nossa aparência em uma ou em algumas sessões, mas, com o tempo, realmente mudamos. Newman Cardinal escreveu: "Não existe coisa como um súbito esclarecimento. Contudo, existe a súbita percepção do quanto você mudou através do trabalho árduo e longo".

4. Em ambos os métodos pode-se trabalhar sozinho, em grupo ou com um professor. Se você deseja trabalhar sozinho, ou se as

circunstâncias tornam isso necessário, existem excelentes livros para orientá-lo. Alguns deles são mencionados na Bibliografia.

Se você trabalha com um grupo, a coisa mais importante é ter cuidado com a competição. O crescimento psicológico e espiritual não é uma escada com uma pessoa à frente da outra e a próxima atrás. Ele é como uma paisagem extensa, atravessada por tantos caminhos individuais quanto pessoas que existem nela. As experiências durante o trajeto, que talvez nunca aconteçam a uma pessoa, podem ser necessárias para outra pessoa. Quando estiver trabalhando com um grupo, você precisa perceber que cada um está lá para ajudar o outro em seus caminhos únicos e individuais, não para competir entre si.

Se não trabalha com um professor, lembre-se de que um professor pouco qualificado é pior do que nenhum. Pergunte a si mesmo que tipo de ser humano o indivíduo é: ele possui o tipo de relacionamento com seu eu, com os outros e com o mundo como um todo, que você admira? Afinal, essa pessoa está lhe dizendo: "Meu conhecimento de um sistema de crescimento permite que eu o ajude a se dirigir para o lugar onde você quer estar". Portanto, o sistema deve ter funcionado com o guru, ou é apenas uma falsa aparência. Além disso, o professor o trata como um indivíduo? Ele diz: "Vamos descobrir os *seus* sonhos, realizá-los e ajudá-lo a encontrar o *seu* caminho individual?" Se, ao contrário, você é tratado de maneira padronizada, não continue, a não ser que deseje se tornar um produto padronizado. (E se é isso o que você deseja, então sugiro que explore o desejo de destruir sua própria individualidade. Um bom psiquiatra pode ser de grande ajuda neste caso!)

5. Isso nos conduz a um ponto crucial a respeito de *todos* os programas de meditação. A despeito das afirmações conflitantes de tantos mestres e escolas, não existe nenhuma maneira correta de meditação. Há a melhor maneira para cada pessoa, em determinado estágio de seu desenvolvimento. A principal razão de existirem tantos "fracassos" na meditação (pessoas que começam seriamente, param logo depois e nunca mais voltam a ela) é porque tantas escolas declaram: "Existe uma maneira certa para meditar e, por uma curiosa coincidência, é a maneira que nós adotamos!".

É perfeitamente legítimo, e com freqüência importante, que cada pessoa procure aprender a trabalhar através de uma variedade de técnicas. Muitas vezes não podemos saber se um método de meditação é certo para nós até que o tentemos, experimentemos e trabalhemos um pouco com ele. Mas, depois disso, o programa de meditação deve ser individualmente planejado para você, em seu estágio particular de desenvolvimento. O trabalho desse tipo não é uma roupa que você pode tirar da prateleira, independentemente de estar na moda naquele momento. Ele deve ser feito sob encomenda para você. Embora uma das roupas fora da prateleira *possa* lhe servir, as probabilidades estão contra você. Qualquer pessoa que diga conhecer a maneira certa de meditar para todos tem muito a aprender sobre os seres humanos. E isso é particularmente inútil, e pode ser prejudicial para uma pessoa que esteja com câncer.

    6. Não espere atingir uma condição final. Isso não existe. Ou, como disse Gertrude Stein: "Quando você chega lá, descobre que lá, não existe nenhum lá!". Nós trabalhamos para nosso próprio crescimento visando avançar em nosso caminho, para nos sentirmos à vontade conosco, com os outros e com o universo. Mas o caminho é infinito e sempre existem outras paisagens e possibilidades à frente. (Do contrário, quem realmente iria segui-lo?) Em todas as coisas sérias — como a capacidade para amar, para valorizar a beleza, nossa eficiência pessoal para lidar com a vida, para aprender e aceitar novas idéias que possam nos ensinar — não existe fim, não se chega ao fundo. Se formos realmente afortunados, e se trabalharmos para isso, então, durante toda a nossa vida, continuaremos na sala de estar e não entraremos na sala de espera.

    A meditação é um dos caminhos mais importantes desenvolvidos pela raça humana para favorecer o crescimento dos indivíduos e para nos ajudar a nos aproximar de nosso potencial. É um método que nos auxilia a crescer e a nos transformar e, como método auxiliar no tratamento do câncer, pode ser de grande valor*.

Com quase cinqüenta anos, Charles geralmente era considerado um homem bem-sucedido. Era escritor e seus romances alcançavam bom sucesso comercial. Eles seguiam uma fórmula, e seus leitores sabiam muito bem o que esperar e fielmente compravam seus livros. Era casado e possuía uma ampla casa nos subúrbios. A esposa trabalhava como executiva júnior em uma empresa.

    Decidiram adotar uma criança e passaram pelos longos procedimentos habituais. Durante o tempo de espera, Charles desenvolveu alguns sintomas e dores abdominais e passou por um *check-up* completo. Uma quarta-feira pela manhã, recebeu duas comunica-

---

* As idéias contidas neste capítulo representam somente uma noção do assunto. Para maiores detalhes, veja meu livro *How to Meditate* ou os outros livros mencionados na Bibliografia.

ções. A primeira foi uma carta da agência de adoção dizendo que tinham uma criança para o casal. A segunda, um telefonema de seu médico afirmando que ele estava com um câncer pancreático.

O exame apresentou um prognóstico sombrio. A radiação não era aconselhável, e a quimioterapia, disponível naquela época, oferecia poucas esperanças. A despeito disso — e de seus efeitos colaterais geralmente penosos —, Charles decidiu tentar, começou o programa de quimioterapia e dois meses depois veio se aconselhar comigo, para ajudá-lo a determinar um programa de meditação.

Ele não estava interessado em psicoterapia. Tentou duas vezes no passado e considerou-a desconfortável e desagradável. Disse-me que sempre fora um "solitário" e preferia trabalhar e tentar resolver os problemas sozinho.

Expliquei-lhe que, para determinar um programa de meditação específico para ele, eu precisaria conhecer alguma coisa a seu respeito e ter noção de quem ele era, como chegou a esse ponto de sua vida e quais deveriam ser os principais componentes do programa. Essa abordagem parecia ter sentido para o romancista que existia nele, e depois de algumas horas de exploração obtivemos um quadro.

Desde o início de sua vida adulta, Charles desejou escrever romances "experimentais", para realmente explorar novas maneiras de observar e descrever a posição dos seres humanos no século XX. Sempre desejou ter tempo para realizar esse trabalho, para realmente se dedicar a essa tarefa e "tornar-se um verdadeiro escritor, não um 'picareta!'". Porém, nunca foi capaz de fazê-lo. Quando lhe perguntei por que não, disse-me que tivera de sustentar a família, que tinha obrigações e precisava ter um rendimento regular.

Naturalmente, perguntei-lhe quem fazia parte dessa família que ele precisava sustentar, pois, do modo como falou, parecia ser um fardo grande e pesado. Ele disse que era a esposa. Ela estava presente nessas entrevistas e já deixara claro que adorava seu trabalho e que suas preferências eram muito simples.

Respondi que pensava que o motivo que ele dera para não explorar realmente e realizar o trabalho que dissera desejar era nitidamente absurdo. Perguntei-lhe quais seriam seus sentimentos se ele *realmente* tivesse todo o dinheiro de que necessitava para os próximos três anos e ficasse livre, completamente livre, de todas as obrigações financeiras e pudesse se dedicar em tempo integral para escrever o tipo de livro que disse tanto desejar? Pedi-lhe para imaginar essa situação e verificar como se sentia.

Charles recostou-se na cadeira e pensou durante alguns minutos. Então exclamou: "Sinto-me *apavorado*. Suponha que eu des-

cubra que sou interiormente árido — que realmente não possua os requisitos necessários para me tornar um escritor!"
Este, eu sabia, era o verdadeiro problema. Era um risco muito grande. Ele poderia suportar qualquer outra coisa, qualquer perda ou sofrimento ou doença, mas não poderia lidar com o fato de descobrir que não poderia ser escritor depois de fazer uma tentativa. Ele passou a vida evitando o teste decisivo, culpando problemas financeiros que não existiam.

Nós três conversamos durante uma hora sobre a situação. O casal poderia viver confortavelmente durante alguns anos com os rendimentos da esposa e com as economias de ambos. Além disso, se vendessem a ampla casa — que nenhum deles desejava, pois ambos preferiam seu apartamento na cidade — poderiam, segundo a esposa, ficar "muito bem".

Mostrei a Charles que ele agora enfrentava a situação que mais desejara e que evitara durante toda a vida. Ele tinha a oportunidade — e era agora ou provavelmente nunca — de encarar seu pior medo. Ele disse como era apavorante e que, se evitasse o teste, sempre poderia acreditar que, "se eu realmente tivesse tentado, poderia ter conseguido". Disse: "Eu poderia jogar roleta-russa com meu corpo, mas isso é jogar com minha alma, e é *isto* que me deixa apavorado".

Outro fator que surgiu em nossa conversa foram seus verdadeiros sentimentos a respeito da adoção. Charles sabia que num futuro próximo haveria uma criança, e sentiu-se desesperado ao pensar nisso. Uma vez que não tinham filhos, não existiriam obrigações financeiras reais para impedi-lo de realizar o experimento. Suas obrigações imaginárias impediram-no de fazê-lo, mas ele, de algum modo, sabia que eram apenas fantasias. Algum dia, sentia ele, iria abandoná-las e tentar! Mas, com uma criança em casa, sabia que não o faria. Ele desejara uma criança para reforçar sua fantasia de que era impossível fazer a tentativa. Entretanto, realmente ter uma criança significaria o fim de toda a esperança; para ele, isso fechava a porta para sempre.

Estabelecemos um programa de meditação em função de quem ele era — de como podíamos compreendê-lo — e dos problemas que precisavam ser enfrentados e resolvidos.

O primeiro passo para se determinar tal programa é estabelecer o que é "prático". Eu mesmo gostaria de ser o tipo de pessoa que medita durante uma hora por dia, mas não sou. Assim, é um erro estabelecer um programa com essa duração porque simplesmente não o cumprirei. Com as melhores intenções, ao final da primeira semana começarei a falhar e, finalmente, deixarei de fazer algumas sessões, até que todo o programa vá por água abaixo. É muito melhor reconhecer que sou uma pessoa que irá meditar, com muito esforço, durante meia hora por dia e estabelecer um programa com essa duração.

Para Charles, um programa de 75 minutos por dia pareceu aceitável. Conversamos sobre a ampla variedade de tipos de meditação existentes e os efeitos que tendiam a apresentar. Decidimos que o tempo seria dividido em três períodos de vinte minutos com um intervalo de cinco minutos entre cada um e após o término do último período. Durante os intervalos de cinco minutos, ele apenas permaneceria onde estava e não tentaria exercer nenhum controle sobre sua mente.

A primeira meditação dessa série era uma visualização, como a utilizada por Simonton. Das suas muitas variações, Charles escolheu, por lhe ser mais simpático, passar os vinte minutos visualizando seu corpo como um todo harmonioso, "fluido", no qual todas as partes eram "harmoniosamente" interligadas a todas as outras e onde nada era excedente ou perturbava a harmonia total. Esse "trabalho e relacionamento perfeitos" do corpo inteiro iriam absorver ativamente ou expulsar os aspectos não harmoniosos, como o câncer.

A segunda meditação escolhida foi do tipo "clássico". Nela, ele se esforçaria por ficar tão desperto e consciente quanto possível e não fazer mais nada a não ser contar sua própria respiração. Essa meditação do "caminho exterior" tende, entre outras coisas, a ter efeitos positivos sobre os sentimentos da pessoa a respeito de sua habilidade para lidar com acontecimentos interiores e exteriores.

A terceira meditação foi a do "caminho interior", algumas vezes conhecida como a do "lótus de mil pétalas". Nela, Charles escolheu uma palavra ou conceito e, de maneira muito bem estruturada, explorou suas próprias associações a essa palavra ou conceito. Entre outros efeitos, ela tende a nos fazer sentir mais à vontade com nossa vida interior.

Charles sentia que esse programa era relevante e prometeu a si mesmo segui-lo rigorosamente e sem exceções (a regra é que você o realize todos os dias em que não haja nenhum bombeiro nem mangueiras de incêndio na casa!) durante seis semanas. Ao final desse período, ele reconsideraria e decidiria se desejava continuar esse caminho, se desejava continuar meditando durante o mesmo período e se desejava continuar a utilizar as mesmas meditações.

Conversamos a respeito de técnicas e problemas específicos na meditação. Charles e eu nos encontramos algumas vezes nas semanas seguintes para discutir seu programa. Ao final de seis semanas, ele decidiu continuar por outro período de mesma duração, e então por um terceiro período. Ao final daquele período, ele trocou duas das meditações por outras. Continuou a trabalhar em programas de seis semanas, algumas vezes fazendo modificações no final, e outras vezes não mudando nada.

Depois de cerca de quatro meses, ele decidiu, um dia, que estava "pronto". Não percebia nenhuma mudança específica em si mesmo, mas sentia que, mesmo assustado, poderia seguir adiante. Disse a seu agente literário que iria se afastar durante um tempo de sua escrita "regular" e tentar algumas idéias que tinha havia algum tempo.

Foi um período difícil e doloroso. Charles passava por momentos de depressão e ansiedade. Contudo, cada vez mais, à medida que as semanas passavam, sentia-se excitado e envolvido naquilo que estava fazendo. Disse-me que foi o tempo mais difícil, mais frustrante e mais gratificante que vivera. Disse também que se sentia mais vivo do que jamais se sentira anteriormente. Pouco depois, estava trabalhando em uma série de esboços, e então eles começaram a formar um romance, completamente diferente de qualquer coisa que já havia escrito. Ele se alternava entre considerá-lo muito ruim e muito bom. Um dia, disse que ultrapassara uma linha divisória — sentia que os personagens estavam vivendo a história e ele, apenas anotando-a.

Terminou o romance e, apesar de estar "vibrando" com ele, decidiu deixá-lo de lado e iniciar outro, para aprimorar a nova abordagem. Ele me disse: "Ele é bom, e eu sei agora que *sou* escritor, que possuo os requisitos necessários. Mas ainda tenho muito trabalho a fazer antes que ele seja o que eu desejo que seja. Mas eu chego lá".

Sua resposta à quimioterapia foi melhor do que o esperado, e o tamanho do tumor diminuiu muito. Depois de um descanso de três meses, ele iniciou outra série de quimioterapia, que resultou em mais redução. Como não existissem outros sintomas (exceto os da terapia), ele decidiu iniciar um programa de observação e espera. Isso continuou durante nove meses, sem nenhuma modificação.

Ao final desse período, Charles estava voltando do teatro uma noite, quando seu carro foi atingido por um outro, dirigido por uma mulher que não tinha licença de motorista e que sofria de ataques epilépticos. Ele ficou muito ferido e com extensos danos no cérebro. Perdeu a capacidade de falar ou escrever e tinha muita dificuldade para andar. Dois meses depois, o câncer começou a crescer rapidamente, e Charles morreu logo em seguida.

Seu romance experimental foi lido por muitas pessoas experientes nessa área, que reagiram positivamente. Ele foi aceito para publicação e será publicado num futuro próximo.

EPÍLOGO

Enquanto estava sentado em meu consultório terminando este último capítulo, o telefone tocou. A voz do outro lado disse: "Sou Raymondo Sanchez, lembra-se de mim?". Imediatamente tudo voltou à minha mente. Há 25 anos, tínhamos trabalhado juntos. Ele tivera câncer de cólon. Durante dois anos e meio, encontrávamo-nos quase todas as semanas enquanto ele lutava para descobrir quem ele era e qual sua canção para cantar na vida. Ao final desse período, ele sabia que desejava voltar para a pequena cidade mexicana onde nascera e crescera. Deixou Nova York e voltou a trabalhar como dentista num consultório localizado na praça da cidade, abandonando o consultório que tivera na 42nd Street com a Eighth Avenue. Lembro-me de sua carta, em que descrevera a praça com sua fonte e palmeiras e as horas da tarde, quando todos passeavam e se sentavam para conversas longas e agradáveis nos cafés. E me lembrei de como afirmava sentir-se bem e o quanto apreciava sua vida — e de quanta energia possuía.

Nós nos correspondemos algumas vezes e, então, não soube mais nada a seu respeito por mais de vinte anos. Conversamos ao telefone durante quase meia hora. Ele se aposentara, e estava passando por Nova York a caminho do Canadá, para visitar os filhos e netos. Foi maravilhoso colocar os assuntos em dia com um velho amigo. Não posso pensar em nada que demonstre melhor o que é este trabalho, ou que ilustre melhor o valor, para mim, do trabalho que venho realizando durante todos estes anos, do que a inesperada conversa por telefone com meu amigo Raymondo Sanchez.

BIBLIOGRAFIA

LIVROS RECOMENDADOS QUE ABORDAM ASPECTOS PSICOLÓGICOS DO CÂNCER

ACHTERBERG, J. *Imagery in Healing*. Boston: Shambala, 1985.
_____ e LAWLIS, F. *Imagery of Cancer*. Champaing, Illinois: Institute for Personality Testing, 1978. Os dois livros de Achterberg são muito valiosos na utilização de imagens mentais para mobilizar o mecanismo de defesa contra o câncer.
BORYSENKO, J. *Minding the Body: Mending the Mind*. Reading, Massachusetts: Addison-Wesley, 1987.
COUSINS, N. *Anatomy of an Illness*. Nova York: W. W. Norton, 1979.
DREHER, H. *Your Defense Against Cancer*. Nova York: Harper & Row, 1989.
JACKSON, E. *Coping with the Crises of Your Life*. Nova York: Hawthron, 1974.
_____. *Understanding Your Grief*. Nashville: Abingdon Press, 1957.
LESHAN, E. *Learning to Say Goodbye When a Parent Dies*. Nova York: The Macmillan Company, 1976.
_____. *When a Parent Is Very Sick*. Nova York: Atlantic Monthly Press, 1986.
LESHAN, L. *The Mechanic and the Gardener: How to Use the Holistic Revolution in Medicine*. Nova York: Holt, Rinehart & Winston, 1982.
_____. *You Can Fight for your Life: Emotional Factors in the Treatment of Cancer*. Nova York: Evans, 1979. Este é o primeiro livro publicado na área dedicado a ajudar a pessoa com câncer a utilizar a abordagem psicológica, trazendo as habilidades de autocura em auxílio do programa médico. Ele complementa este livro.
PELLETIER, K. *Holistic Medicine*. Nova York: Delta, 1979. Um importante médico holístico apresenta este campo da medicina. Muito recomendado.

SARTON, M. A. *Reckoning*. Nova York: W. W. Norton, 1978.
_____. *Recovering*. Nova York: W. W. Norton, 1980. Nesses dois livros, um importante romancista explora a condição psicológica da pessoa com câncer e da pessoa que está se recuperando da doença. Muito recomendado; de profundo *insight*.
SIEGEL, B. *Love, Medicine and Miracles*. Nova York: Harper & Row, 1987. O livro mais lido desse campo.
SIMONTON, O. C., SIMONTON, S. e CREIGHTON, J. *Com a Vida de Novo*. São Paulo: Summus Editorial, 1987. Esse livro introduziu a idéia de utilizar a imagem mental para ajudar a lidar com o câncer.

LIVROS DE MEDITAÇÃO RECOMENDADOS

LESHAN, L. *How to Meditate*. Boston: Little Brown, 1974; Nova York: Bantam, 1975.
MERTON, T. *The Ascent to Truth*. Nova York: The Viking Press, 1951.
NARANJO, C. e ORNSTEIN, P. *The Psychology of Meditation*. Nova York: The Viking Press, 1971.
UNDERHILL, E. *Practical Mysticism*. Londres: P. J. M. Dent, 1914; Harmondsworth, Inglaterra: Penguin, 1970. Provavelmente o clássico mais importante da área. Muito interessante.

MATERIAL RECOMENDADO PARA PROFISSIONAIS

Atualmente existe uma literatura muito extensa e sempre crescente a respeito dos aspectos psicológicos do câncer, porém muito vasta para ser apresentada aqui. As publicações a seguir constituem leitura essencial para psicoterapeutas e outros profissionais da saúde.

BAHNSON, C. B. "Stress and Cancer: State of the Art." *Psychosomatics* 27 (1980).
BALTRUSCH, H. J. F. e WALTER, M. B. "Stress and Cancer: A Psychobiological Approach." *Current Advances* 2 (1988).
BOOTH, G. "Psychobiological Aspects of 'Spontaneous' Regression of Cancer." *Journal of the American Academy of Psychoanalysis* 3 (1973).
GROSSARTH-MATICK, D. "Social Psychotherapy and Course of Cancer." *Psychotherapy and Psychosomatics* 33 (1989).
KISSEN, D. M. "Psychosocial Factors, Personality and Lung Cancer in Men." *British Journal of Medical Psychology* 40 (1967).
KLOPFER, B. "Psychological Variable in Human Cancer." *Journal of Projective Techniques* 21 (1957).
LESHAN, L. "A Basic Psychological Orientation Apparently Associated with Neoplastic Disease." *Psychiatric Quarterly* (1961).
_____. "An Emotional Life History Associated with Neoplastic Disease." *Annals of the New York Academy of Sciences* 125 (1966).
_____. "Psychological States as Factors in the Development of Neoplastic Disease: A Critical Review." *Journal of the National Cancer Institute* 22 (1959).
_____ e LESHAN, E. "Psychotherapy and the Patient with a Limited Life Span." *Psychiatry* 24 (1961).

PETTINGALE, K. W., PHILITHIS, D. e GREER, H. S. "The Biological Correlates of Psychological Response to Breast Cancer." *Journal of Psychosomatic Research* 25 (1981). Esse relatório é parte do mais importante estudo moderno em perspectiva a respeito do relacionamento da personalidade e o tempo de sobrevivência em pessoas com câncer.

"Psychosocial Aspects of Cancer: Reports of Two Conferences." *Annals for the New York Academy of Sciences* (21 de janeiro de 1966). *Annals of New York Academy of Sciences* (4 de outubro de 1969).

SPIEGEL, D., BLOOM, J. R., KRAEMER, H. C. e GOTHEID, E. "Effect of Psychosocial Treatment on Survival of Patients with Metatise Breast Cancer." *Lancet* (14 de outubro de 1989).

THOMAS, C. e GREENSTREET, R. "Psychological Characteristics in Youth as Predictors of Five Disease States." *Johns Hopkins Medical Journal* 132 (1973). Esse é o primeiro, e muito importante, moderno estudo em perspectiva sobre os fatores psicológicos e o surgimento do câncer.

TOLSTOI, L. *The Death of Ivan Ilyich*. Nova York: New American Library, 1960. Leitura fundamental para todos os que atuam na área do câncer.

WEINSTOCK, C. "Recent Progress in Cancer Psychobiology and Psychiatry." *Journal of the American Society of Psychosomatic Medicine and Dentistry* 24 (1977).

Além disso, os profissionais da saúde deveriam se familiarizar com o trabalho de duas organizações profissionais:

European Working Group for Psychosomatic Cancer Research (EUPSYCA)
Presidente: Dr. H. J. F. Baltrusch
Bergstrasse 10
D-1900, Oldenburg, República Federal da Alemanha

International Association of Cancer Counselors
Janus Associates
6100 Richmond, Suite 200
Houston, TX 77057

A edição brasileira deste livro foi feita por sugestão do ReVida — Grupo de Apoio Psicoterápico para pacientes de Câncer — movido pelo intuito de dar aos leitores a oportunidade de conhecer um dos mais atualizados enfoques terapêuticos holísticos.

O ReVida é uma instituição fundada em 1989 pelo psicólogo Edmundo S. Barbosa, que prefaciou esta obra, com a direta colaboração de Edith M. Elek, Maria Edirle Barroso, Ruth Reijtman, Vera M. Bertacchi Palma e Virgínia Garcia de Souza.

O grupo atua baseado na formação profissional de seus integrantes e na experiência pessoal de alguns deles com a doença. A metodologia adotada foi criada pela própria equipe e compõe-se da soma de várias técnicas e abordagens, entre elas a de LeShan.

Suas principais atividades são: atendimento a pacientes de câncer em grupos; orientação e aconselhamento individual a pacientes e seus familiares; orientação e treinamento a profissionais na área da saúde.

Endereço:
Rua Maysa Figueira Monjardim, 67 — CEP 04042-050
São Paulo, SP — Fone: (011) 275-4577 e 5581-6766